Theoretical Framework and
Empirical Analysis on Domestic and International

DUAL CIRCULATION

国内国际双循环
理论框架及实证分析

陆江源 ◎著

中国财经出版传媒集团

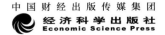

经济科学出版社
Economic Science Press

前　言

　　构建以国内大循环为主体、国内国际双循环相互促进的新发展格局，是改革开放以来继出口导向型发展战略、扩大内需战略、供给侧结构性改革之后，我国经济发展战略做出的又一深度重大调整。双循环新发展格局的提出传承了马克思主义政治经济学的理论精髓，是对我国当前存在问题和未来发展方向的系统回应，是中国特色社会主义政治经济学的重大理论创新。

　　然而关于经济循环的理论研究却存在严重的断层，这是由于经典的马克思主义政治经济学关注资本循环，分析生产、分配、流通、消费的经济循环过程，但这已经不能完全解释当前经济全球化背景下复杂的国内国际双循环现实，而西方经济学由于只关注生产和消费而忽视分配，因而经济循环一般不在西方经济学的研究范畴中。这就导致新发展格局的学术和政策研究，缺乏一个统一的理论框架。鉴于此，本书致力于综合国民经济循环理论演进脉络和现有马克思主义政治经济学观点的新发展格局研究，将新的经济特征纳入分析，构建包括循环内容、循环机制、内外循环依存关系的双循环分析框架，并以此分析框架系统梳理我国发展实践和国内国际循环现状特征。

　　就本书结构而言，第一章在文献演进分析的基础上提出了双循环理论分析框架，在循环内容上包括价值循环、资金循环和新要素循环，循环机制包括动力机制和阻力机制，此外还有内外循环的依存关系。此后各章均围绕着不同的循环类型、循环依存关系展开。

第二章研究的是国内国际循环的价值循环形态，利用国际投入产出表将增加值分解为国内和国际循环的部分，并利用 31 省份的区域间投入产出表研究了地方参与国内国际循环的比例结构。测算数据表明，在改革开放以前，我国 GDP 国内循环比例高达 95% ~ 97%。改革开放以后，国内循环比例从 1978 年的 95% 下降至 2001 年的 83%，加入 WTO 后国际循环发挥更为重要的作用，国内循环比例进一步下降至 2006 年的低点。由于全球金融危机的冲击，2009 年国内循环比例迅速攀升，之后稳步提高，至 2020 年提升至 85% 左右。① 而从国际经验来看，美国、日本是以国内循环为主的大国自循环模式，西欧国家采取国内弱循环、区域强循环模式，亚洲小型经济体主要是内部弱循环、国际强循环模式。就地方参与国内国际双循环而言，长三角区域国内国际循环均较强，华南、华中、西南地区国内国际循环互促乏力，北方地区主要通过资源和基础工业参与国内大循环。

第三章研究的是各国参与国际大循环的演进规律，本质上是分析各国国内国际循环的依赖关系。本书将国际大循环划分为贸易和价值循环、投资和收入循环、金融资金循环、科技文化循环四类循环，对国际大循环的演进规律进行研究。研究发现，主要依靠国际贸易和吸引 FDI 参与国际大循环的模式难以持续，需要以国内需求为主导牵引国际贸易、以国内生产为主轴构建区域产业循环、以国内经济发展为主场集聚全球金融资本、以国内科技为主心推动国际科技合作发展。

第四章研究的是金融资金的循环。通过建立投入产出式的资金流量循环矩阵，可以较好地分析国民经济中的金融资金循环特点。经过对 1992 ~ 2018 年资金流量循环矩阵的分析，发现我国金融资金循环的格局已出现较大变化，大循环被小循环所取代，传统资金单向大循环模式日渐式微，部门内和部门间小循环不断增强，资金空转、阻塞、沉积现象

---

① 中国 GDP 国内循环比例的测算（1965 ~ 2020），综合了 WIOD 历史数据、WIOD 数据、OECD 数据和 ADB 数据各类国际投入产出表，详见本书第二章。

明显。大循环退化为小循环助推资源在部门内部的再分配和极化，国民经济循环退化为收入分配极化的恶性循环。为此，要重构各部门资产负债关系，提升资金循环能力，畅通部门间资金循环，构建国内国际资金良性循环。

第五章研究的是中国的碳排放供需结构，也就是一类新要素循环。本书采用 31 省份的区域投入产出表挖掘中国碳排放的供需和区域结构关系。分析发现，我国消费、投资、出口引致的碳排放占比分别为 30.83%、49.96%、19.21%，我国投资需求碳排放较高主要是由于经济过度依赖房地产—基建投资拉动，同时出口产品结构中重化工业占比较高。更进一步地，北方整体的碳生产大于碳消费，而南方整体碳消费大于碳生产，这种碳排放的区域格局，本质上是由北方煤炭能源和重化工业与南方下游生产制造环节的产业分工格局导致的。

第六章研究的是典型经济体在特定发展阶段参与国内国际循环的战略举措。中国人均 GDP 于 2019 年迈过 1 万美元，进入新阶段。本书选取人均 GDP 处于 1 万～2 万美元的典型经济体进行研究。根据世界银行 WDI 数据，人均 GDP 超过（或曾经超过）1 万美元、人口在 400 万人以上的经济体共 44 个，尽管这些经济体所处的时代背景和发展际遇不尽相同，但都需要面对人均 1 万美元后的共性问题：国际竞争和冲突更为严峻，国内发展动力明显不足。为此，美欧采取了全球化布局、日韩实施技术立国战略、新加坡实行资本富国战略、拉美积极应对贫富差距，它们应对贸易摩擦、技术竞争、结构调整、金融开放、贫富差距的战略成败，值得引以为鉴。

第七章研究了国内国际循环演进对全球经济增长的作用。在已有的 GDP 分解模型基础上，进一步考察 GDP 所涉及的区位、最终产品需求的去向等因素，对 1965～2020 年全球经济大循环分别从国家、行业层面根据静态、动态视角进行内外循环分解。研究发现，1965～2018 年国际大循环比例在缓慢提高，2018 年已达到 23.43%，其中复杂国际大循环起主导作用。全球经济的增长动力主要来自内循环，1991～2007年国际大循环对全球经济增长的贡献率最高，接近30%，其中复杂国际大循环可以解释的比例约66%。样本期内，经济增长的产业动力主要来自服务业内循环，1991～2007年服务业内循环拉动全球经济增长的贡献率为61.44%，并且制造业外循环拉动全球经济增长的贡献大于制造业内循环。2000年之前，全球经济增长的内循环动力主要来自美国、日本等后工业化大国，全球金融危机之后，中国内循环成为全球经济增长的最大推动力。

第八章是案例分析，以成都市为例。本书根据2015年313个城市的区域间投入产出表，对成都的增加值按照国际循环、国内循环、成渝双城经济圈、省内循环、都市圈循环、市域内循环进行分解，定量化分析成都参与国内和国际循环的程度和水平。发现成都参与国内国际循环的程度可以划分为"一二七"，即一分国际、二分国内、七分区域。

本书是笔者在工作中关于国内国际循环的研究论文集，笔者于2020年6月至2021年4月在国家发改委发展战略与规划司借调，由于工作需要，于2020年7月起开始系统研究国内国际循环，陆续形成了国内国际循环的价值形态、资金循环、碳排放循环、循环规律等一系列研究成果。在国家发改委经济研究所任职期间，又陆续主持了相关主题的重点课题，如中国宏观经济研究院"党的十九届五中全会"课题"'双循环'新发展格局理论框架研究"和2021年重点课题"国内国际双循环的历史轨迹、国际经验和相关政策研究"，对双循环新发展格局进行了较为体系化的研究。遗憾的是，尽管以第一章作为统领，后续各章都围绕着国内国际循环展开不同角度的研究，形成了基本的研究框架，但毕竟是研究论文集，因而本书的分析框架并不严谨，各章节之间的衔接关系也较为粗糙，望读者见谅。

目 录
Contents

| 第一章 |

双循环理论综合及历史实践

　　双循环新发展格局的提出是中国特色社会主义政治经济学的重大理论创新，本章致力于综合国民经济循环理论演进脉络和现有马克思主义政治经济学观点的新发展格局研究，构建包括循环内容、循环机制、内外循环依存关系的双循环分析框架，并以此分析框架系统梳理我国发展实践和国内国际循环现状特征。研究发现，我国经历了封闭失衡的国内循环、国内国际循环初步发展、国际大循环驱动、做大国内循环等多个发展阶段。2008 年以来的我国国内循环比例大幅提升，以国内大循环为主体具备实践基础，但国际循环仍是重要牵引力，促进循环的创新动力和需求动力不足，国内国际循环主导关系仍有待转换。基于此，本书认为构建双循环新发展格局的关键是通过改革破除堵点，强化创新和扩大内需双向发力，以国内引力场集聚全球要素资源，形成以我为主、内外协同的国内国际循环互动新格局。

第一节　当前学术界关于双循环
新发展格局的理论探索

　　构建以国内大循环为主体、国内国际双循环相互促进的新发展格局，是改革开放之后继出口导向型发展战略、扩大内需战略、供给侧结构性改革之后，我国经济发展战略做出的又一深度重大调整。双循环新发展格局的提出传承了马克思主义政治经济学的理论精髓，是对我国当前存在问题和未来发展方向的系统回应，是中国特色社会主义政治经济学的重大理论创新。

理论界从马克思主义政治经济学角度对新发展格局的理论创新进行了较为深入的探讨。逄锦聚（2020）认为新发展格局的创新主要体现在微观经济循环与宏观经济循环的统一、循环的开放性、物质资料生产和商品大循环扩展到包括服务在内的社会总供给和社会总需求的大循环、循环的动态性四点。董志勇和方敏（2020）从一般规律和特殊规律出发，认为由内循环和外循环构成的国民经济循环结构是一般规律和特殊规律共同作用的结果。周文和刘少阳（2021）则指出，构建新发展格局说明社会主义市场经济的优越性体现为既重视财富生产，又重视交换和消费的正向反馈作用，形成良性循环，扩展了政治经济学的含义。程恩富和张峰（2021）认为，国民经济循环的本质就是社会再生产过程，社会再生产理论是分析国内大循环和国际经济循环的基本工具，辩证唯物主义是分析双循环相互促进的基本方法。李帮喜等（2021）利用政治经济学的价值循环和社会总资本再生产理论，阐述了不同的经济循环模式依赖于技术结构、分配结构、需求结构和生产结构的相互配合。此外，一些文献还对新发展格局的现实意义和实践方向进行了讨论（姚树洁和房景，2020；黄群慧，2021；高伟和陶柯，2021等）。

综合来看，现有研究从经典的价值循环和社会总资本再生产理论出发，关注新发展格局对于国民经济循环开放性、动态性、结构性、规律性等内涵的丰富和扩展，重视辨析不同循环模式下循环螺旋式上升的正反馈动力结构。从经典的价值循环出发，扩展经济循环特性和循环动力机制也成为本书的重要思想来源。然而，研究新发展格局还需要结合当前的现实经济特征，如现代经济中金融循环和各类新要素循环独立于价值循环已成为不容忽视的经济现象，国内国际循环的互动也从简单的商品贸易演变为复杂的价值链、资本流动和数据交流过程，这些新的经济特征需要纳入新发展格局的分析框架中。

基于此，本章致力于综合国民经济循环理论演进脉络和现有马克思主义政治经济学观点的新发展格局研究，将新的经济特征纳入分析，构建包括循环内容、循环机制、内外循环依存关系的双循环分析框架，并以此分析框架系统梳理我国发展实践和国内国际循环现状特征，提出相关政策建议。

第二节　国民经济循环是马克思主义政治经济学独特的理论分析视角

马克思主义政治经济学、凯恩斯主义经济学、新古典主义经济学等都有经济循环的概念，但马克思主义政治经济学的认识方式最为深刻，运用最为丰富。

一、马克思主义政治经济学与西方经济学的观点异同

马克思主义政治经济学研究的国民经济循环是价值循环的过程，关注商品生产、分配、流通、消费过程中的资本增殖，西方经济学研究的经济循环也是价值创造过程，企业从居民部门雇佣资本和劳动生产产品和服务，居民部门从企业获得资本回报和劳动报酬用于购买产品和服务，由此形成循环。马克思主义政治经济学关注各环节之间的互动，生产决定分配、流通、消费，分配、流通、消费又反作用于生产，而西方经济学也重视环节互促，但更关注供给和需求的匹配性。在经济循环运行不畅的情况下，马克思主义政治经济学认为是资本回报过多导致有效需求

不足，而凯恩斯主义经济学则运用边际消费倾向递减规律、资本边际效率递减规律、流动性偏好规律等来解释有效需求不足，两者都从有效需求不足的角度研究循环不畅。

但马克思主义政治经济学对于国民经济循环的理解更为深刻，运用更为丰富。首先，由于西方经济学强调市场的自发调节使供需达到平衡，将供需矛盾引发的经济波动理解为统计意义上的经济周期，因此较少关注经济循环，而马克思主义政治经济学则深刻揭示了供需矛盾的内在经济机理，重点研究国民经济的良性循环。其次，由于西方经济学刻意掩盖分配中资本挤占劳动的过程，忽视资本循环的作用，因此金融循环较少出现在西方经济学的分析框架中，只有在 2008 年金融危机后金融循环逐渐得到研究关注，但与经典的一般均衡分析框架仍然格格不入。而马克思主义政治经济学研究的就是资本循环过程，较早地关注到了金融循环脱离于价值循环的情况，对于现实经济中的价值循环和金融循环刻画更为深刻。最后，在内外循环关系上，西方经济学研究的是基于比较优势的国际贸易，而马克思主义政治经济学则从资本的空间扩张与征服研究深层次的国内国际循环空间依存关系。

综上所述，尽管马克思主义政治经济学和西方经济学都有经济循环的概念，但西方经济学由于一般均衡设定、忽略资本分配等原因并不将经济循环作为研究重点，而马克思主义政治经济学由于从资本循环出发，在经济循环的研究内容、运行机制和空间依存关系层面与西方经济学都有着本质区别。马克思主义政治经济学研究价值循环和各类金融要素循环、循环的内在动力和阻力机制，以及内外循环的全球空间依存关系，对于经济循环的理论运用更为丰富。

二、国民经济循环理论的理论演进

从资本循环视角价值循环扩展到金融要素循环，研究各环节的相互促进的机制，分析循环空间的依存关系，这些都是马克思主义政治经济学独特的学术视角。国民经济循环理论主要沿着以下三个方面演进。

一是循环研究内容不断丰富。关于经济循环的研究内容，马克思研究的是 G—W—G' 的周而复始的资本增殖过程，资本购买生产资料和各类生产要素生产商品，并售出商品实现资本增殖，在这一过程中资本存在货币资本、生产资本、商品资本三种形态。在再生产过程中，会形成一部分特殊化、独立化的货币经营资本，产生独立的货币运动，但货币经营资本的运动仍是产业资本独立化运动的一部分。[①] 随着现代社会中金融创新的蓬勃发展，金融资金循环在国民经济循环中发挥日益重要的作用，甚至可能脱离价值创造的循环而独立运转，形成资金空转现象，资本对外输出的形式也以商品输出、对外直接投资扩充到金融证券投资。法国学者列斐伏尔进一步将价值循环和金融循环相分离，他认为资本的次级循环（即资本在各种虚拟形式中的循环）会取代资本的初级循环（相当于产业资本循环）。戴维·哈维（2019）效仿列斐伏尔，认为初级循环（相当于产业资本循环）过度积累和次级循环（即资本在各种虚拟形式中的循环）产生阶级—垄断地租，导致初级循环向次级循环转移。除了价值循环和金融循环外，信息技术革命带来数据这一类全新的生产要素（宋冬林等，2021），数据参与生产和分配的形式、数据独立循环和数据再生产挖掘等成为未来理论研究的重点。

二是循环运转机制的完善。循环的正反馈机制，是各环节相互作用、不断增强的经济发展过程。循环各环节之间相互制约、产生矛盾就构成循环的负反馈机制，将导致循环不畅。马克思认为资本主义生产方式导致经济危机，是一种循环的负反馈机制，"生产超越它按照工人（有支付能力的需求）所应进行的生产的比例……如果'超过工人需求的'需求

---

① 《资本论（第 3 卷）》，上海三联书店 2011 年版，第 218 页。

消失了和缩减了，那就会出现崩溃"（马克思，1979）。在第二次世界大战以后西方国家经历了经济增长的"黄金年代"，为了解释这种经济繁荣，调节学派的布耶尔（Boyer R，1988）认为福特主义积累体制下，新技术体系、工人工资、消费、企业积累之间形成了良性循环。20 世纪80 年代初，我国学者就国民经济的良性循环进行了深入的研究和定义，认为良性循环是各环节相互促进、推动国民经济螺旋式上升的过程（刘国光和沈立人，1980；王忍之和桂世镛，1981 等）。

三是循环空间依存关系的演进。随着资本有机构成不断提高、国内平均利润趋于下降，资本主义经济体需要在世界范围内扩张来获取超额利润，由此马克思（2011）认为世界市场的创造是资本主义生产的三个主要点之一。马克思主义学者进一步对循环空间的依存关系进行拓展，列宁（1995）发展了金融资本全球化的帝国主义理论，认为金融资本的统治在全球空间层面形成，把全球各个产业联系在一起。第二次世界大战以后，世界经济形成了以美国为中心的霸权控制体系。沃勒斯坦（2013）提出了"中心—边缘"的世界体系，发展中国家、边缘国家的发展依附于发达国家、中心国家。随着全球化的到来，全球生产链、价值链、分配链变得分散化，在这一过程中，国民生产体系被打破并被整合到外部新的全球积累循环之中（威廉·I. 罗宾逊，2009）。

三、国内国际双循环的理论分析框架

综合现有新发展格局文献中的开放性、动态性、结构性观点，结合马克思主义政治经济学在国民经济循环研究中循环内容、运行机制、依存关系的独特学术视角，并纳入现代经济中的金融数据等要素循环概念，我们在价值循环的基础上扩充了资金循环和新要素循环、构建了循环的动力和阻力机制、总结了国内国际循环联系的三条主要纽带，形成了综合的双循环分析框架。

第一，循环内容包括价值循环、资金循环和各类新要素循环。价值循环是国民经济循环的主要内容，资金循环和各类其他要素的循环服务于价值循环。在价值循环之外，金融循环的主要作用是促进资金的跨期跨部门配置，是国民收入在经过企业、政府、居民的分配和消费后剩余资金的再分配，但在现实经济中，资金也可能在金融体系和房地产等部门空转，形成财富再分配的小循环。在现代和未来的经济中，数据、知识甚至是碳排放权等无形新要素循环正在重塑经济循环特征。以数字为例，以往的国内国际循环具有较强的地理和物理依赖性，循环的主导产业是实物化的制造业，服务业则表现出本地化特性，在数字与技术结合参与生产过程的情况下，制造业的劳动力低成本取向可能被数字化和智能化取代，服务业也可以突破地域和物理限制，参与更大范围的经济循环。需要注意的是，这些新要素也可能与资本结合直接参与分配，扰乱经济循环的正常秩序。

第二，循环机制包括动力和阻力机制。国内国际循环的良性互动机制体现了社会主义制度的特性。在资本主义制度下，资本对劳动报酬的过度挤占将导致收入分配和贫富差距扩大，只能采取政府或者居民加杠杆的方式来延缓有效需求不足问题，在这种情况下金融循环势必过度膨胀以掩盖严重的供需矛盾。在国际循环方面，资本过度积累导致利润率下降就需要对全球进行资本输出和扩张，必将导致"中心—外围"的国际依附结构，国内循环的财富积累是以攫取国际循环的利益来实现的。而我国国内国际循环良性互动机制是由我国社会主义制度的特性决定的，公有制为主体、多种所有制经济共同发展，按劳分配为主体、多种分配方式并存的基本经济制度能在保证经济效率的同时避免两极分化，按劳分配的原则要求防止资本的无序扩张、过度分配，要求金融循环不能过度膨胀，而应该服务实体经济的价值创造。共同富裕是社会主义的本质要求，通过创新驱动和深化改革解放和发展生产力，做大国民财富的蛋糕，在实现社会主义现代化过程中推进共同富裕将释放庞大的需求动力，推动供需形成更高水平的适配，从而形成良性国内大循环。以国内大循环引导国际循环，构建人类命运共同体，以国内经济强大的引力场集聚全球要素资源，让全球分享中国经济增长的红利。

第三，国内国际循环互动的三大纽带。首先，在价值循环层面，国内国际循环的互动从简单的商品贸易转变为复杂的价值链生产过程，各国的生产是全球价值链和产业链的一部分，改革开放以来我国不断深度融入世界经济体系，用外需弥补了国内需求的不足，产业嵌入全球价值链的程度不断提高。也正是因为深度地嵌入全球价值链和产业链，没有任何一个国家可以生产全部产品和服务，这使得中国离不开国际循环，世界也离不开中国制造和庞大的中国市场。解决关键产业环节被"卡脖子"的问题，应该采取两条腿走路的方式：一是加强关键核心技术攻关形成战略博弈对峙；二是进一步融入全球价值链提升位势，通过增强产业链的互补性来增强依赖性，而不是简单地采取进口替代。实践证明，新冠肺炎疫情暴发以来，美国等发达经济体对我国轻工业和机械产业的依赖进一步提升，表明国际经贸摩擦只是经济全球化的扰动项。其次，在金融循环层面，发达国家从对外直接投资转变为以跨国公司主导的全球金融投资布局，具备在全球范围内配置资源的能力。改革开放以来我国也从吸引外商投资逐步转向对外投资，2014年我国对外直接投资流量首次超过外商直接投资，未来中国需要进一步推动金融开放，提升参与全球资源配置和金融规则制定的能力。最后，在新要素循环层面，知识和数据在全球范围内的生产和交流是现代经济的特征和趋势，知识和数据在国际的传播也带来了技术的外溢效应，全球经济的低碳化转型也使得各国之间需要进行碳排放权利的博弈和权衡，未来可能还会有其他新的要素参与经济循环，从这个意义上讲，中国的国内和国际循环两者不可分离。国内国际循环综合分析框架如图1-1所示。

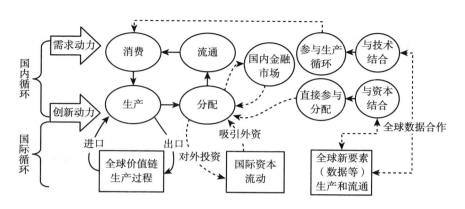

图 1-1 国内国际循环综合分析框架

第三节 在国民经济循环理论视角下的
中国发展实践

　　新中国成立以来，我国国民经济循环呈现出明显的阶段性特征。关于新中国成立以来我国经济发展阶段的划分，尽管不同的研究目的和划分依据会产生不同的划分方法，但学术界仍然有较多的共识，如改革开放之前和改革开放之后从经济理念、经济体制到政策实践均有很大的阶段差异（杨瑞龙，2019）。在讨论改革开放以后 40 多年的发展阶段时，研究国内和国际经济关系演进的文献一般都将 2001 年加入 WTO、2008 年全球金融危机作为时间节点（江小涓，2019；尹智超和彭红枫，2020），这是由于加入 WTO 后中国真正深度融入了经济全球化，具有里程碑式意义（张卓元，2019）。而在 2008 年全球金融危机后，国际需求萎缩，我国国内大循环的比例不断上升。因此，我们根据国民经济循环中的国内和国际循环关系演变，将我国发展实践划分为五个阶段（见表 1-1），尝试从循环内容、动力机制、循环堵点、内外依存关系等方面对不同阶段的经济循环进行比较，探寻双循环理论的实践基础。

表 1 –1　　　　　　　　　　中国各阶段经济循环模式对比

循环模式	循环内容	动力机制	循环堵点	内外依存关系
封闭失衡的国内循环（1949～1978年）	计划生产和配给	计划向重工业倾斜配置资源资金，快速提升生产能力	分配、流通采用配给制，消费被严重压抑	封闭国内循环，国际循环较弱
螺旋式上升的国内国际循环（1978～2001年）	市场经济商品循环	城乡改革和对外开放推动工农业生产扩张，居民收入增加带动商品经济、市场经济发展，形成比例协调的良性循环	计划—市场双轨制导致供需结构性矛盾，经济上下波动	以加工贸易参与层次较低的国际循环
国际大循环驱动（2001～2008年）	全球价值循环	引进国外投资和技术提升生产力水平，国外需求刺激国内生产	产业低端化锁定，国际经贸摩擦	深度融入国际大循环，国际循环牵引国内循环
做大国内循环（2008～2020年）	全球价值循环、金融循环扩张异化	内需刺激政策带动投资消费增加，形成需求侧动力；供给侧改革提升企业生产效率，形成供给侧动力	产能过剩和需求不足并存，金融和房地产膨胀，杠杆率快速上升	国内循环自主性上升，但在技术、市场等环节仍受制于国外
双循环（2020年以来）	以国内大循环为主体、集聚全球要素	以自主创新和需求升级为双向动力，形成供需更高水平动态平衡的良性循环	要素流动受阻、分配激励不畅、国外技术封锁	国内循环牵引主导国际循环

一、封闭失衡的国内循环

新中国成立后，面对"一穷二白"、生产力严重落后的国情，我国参考苏联发展经验，依靠工农业"剪刀差"等政策推动重工业资本快速积累。生产、分配、流通、消费都采取严格的计划配给制。李富春在1953年较早从实践层面提出了国民经济良性循环的设想，他提出计划经济要"努力学习全面计划平衡，才能适应国民经济按比例均衡发展规律的要求。首先是研究生产。……其次是研究商品流通与物资供应。……第三研究分配"。① 计划经济要实现各环节协调发展的原则，后来写进了1955年的《中华人民共和国国家计划委员会暂行工作条例》。② 毛泽东在《论十大关系》中指出，在重工业和轻工业、农业关系问题上，"要用多发展一些农业、轻工业的办法来发展重工业"。

比例结构和动力机制在这一时期是统一的概念，国民经济循环的重点是将资源向重工业部门倾斜，通过快速的工业积累实现综合国力尤其是国防、科技实力提升。但在具体的实践中，"一五"计划（1953～1957年）和国民经济调整时期经济呈现较好的循环，却也出现了多次不良经济循环，过度依赖工农业价格"剪刀差"，工业生产指标过高、积累过度，造成了国民经济循环的失衡，使经济发展效果大打折扣。由于比例结构长期失衡，国民经济循环不稳定、不通畅，造成了短缺经济和经济发展的低效率。从内外依存关系来看，当时的经济循环主要是封闭的国内循环，除了短暂的苏联援助时期外，国内循环基本不依靠国际循环。

二、螺旋式上升的国内国际循环

改革开放之初，国民经济循环主要面临的是轻工业与重工业、消费与投资结构比例失调问题，党的十一届三中全会以后，中央提出"调整、改革、整顿、提高"八字方针。比例协调和改革开放成为这一时期国民经济良性循环的关键。在政策实践中，《中共中央关于制定国民经济和社会发展第七个五年计划的建议》指出，"国民经济开始出现持续、稳定、协调发展的新局面，展现了良性循环的前景"。这一时期，商品经济得到了较快的发展，国内循环的潜力逐步得到释放。

1978年开始的农村改革和1984年以城市为重点的经济体制改革释放

---

① 《中华人民共和国国民经济和社会发展计划大事辑要1949—1985》，红旗出版社1987年版，第40页。

② 同①，第75页。

出强大生产积极性，成为经济良性循环的主要动力。这一时期的国民经济循环的正反馈表现为"城（国有企业改革）乡（家庭联产承包制）改革—工农业生产效率提升—城乡居民收入增加—商品经济市场经济发展—消费需求增加—经济快速发展"。城乡改革促进了要素更高效流动和配置，国民经济在国土空间范围内实现了良性互动。但是由于计划和市场双轨制导致体制内和体制外的商品供需矛盾极大，国民经济循环呈现了较大波动。从内外关系来看，由于我国外汇储备短缺，通过吸引外商直接投资（FDI）和发展"三来一补"产业，可以在经常账户赤字的情况下推进工业化，但当时加工贸易的占比较高，属于较低层次的国际大循环模式。在出口导向型战略下，我国在沿海建设了一批经济特区、沿海开放区。

三、国际大循环驱动国内循环

2001 年加入 WTO 后，中国参与国际大循环进入新阶段。《中共中央关于制定"十五"计划的建议》指出，"在更大范围内和更深程度上参与国际经济合作与竞争……努力提高我国的综合国力和国际竞争力"。经过改革开放后多年的快速发展，中国的生产力水平大幅提升，但却出现了内需不足问题，亟待为产能寻找需求出路。走国际大循环既可以吸引外资和技术提升国内的生产力，又可以依靠外需拉动缓解供需矛盾。这一时期，中国国内市场与国际市场加速整合，跨国公司加快在中国布局生产网络，中国参与国际大循环的规模和层次也得到了提升，根据国家统计局数据，货物贸易依存度从 2000 年的 39.16% 迅速提高到 2006 年的峰值 64.2%，出口的加工贸易占比则从 2000 年的 55.3% 迅速下降到 2007 年的 46.4%。

这一时期循环的正反馈良性机制包括"外商直接投资和技术输入（海外订单增加）—带动产业链上下游扩张—加速工业化和城市化—职工

收入增加—国内市场繁荣"。外商直接投资和国外技术引进、国际需求分别从生产和消费的角度成为当时经济循环的主要动力，外需扩张部分地缓解了内需不足的问题，畅通了国民经济循环，形成了国际循环驱动国内循环的模式。但是技术和市场"两头在外"的国内国际循环模式，容易造成国内产业的低端锁定，同时极易受到国际金融危机下外需萎缩的冲击（贾根良，2010）。同时，一些发达国家始终对中国维持了一定程度的技术封锁，并且逐渐形成了贸易投资规则壁垒。

四、从需求和供给两方面做大国内循环

2008 年全球金融危机带来了外需萎缩、国际金融动荡等外部冲击，成了经济循环的分水岭。2008 年底中央提出扩大内需、促进经济平稳较快增长的政策举措，政策刺激使国民经济在短期内迅速恢复，扩大内需成为国民经济循环的重要动力源。扩大内需的正反馈机制表现为"内需政策刺激—基建投资扩张—企业生产扩张—工人收入增加—居民收入扩张—消费增加—经济回升"。尽管内需扩张短期内维持了经济的高速增长，但由于一系列结构和周期制约，扩大内需的主体是投资，这种模式导致金融资源向基建、房地产等资产领域过度配置，形成了"政府—金融机构—房地产企业—居民"围绕房地产投资的小循环，根据社科院国家资产负债表数据，宏观杠杆率从 2008 年底的 141.2% 飙升至 2015 年底的 227.3%，企业通过技术进步提升生产水平的激励机制被严重扭曲，造成了供需的结构性矛盾。

2015 年，中央在提出经济新常态的基础上，提出推进供给侧结构性改革的重大战略性思路。基于国内结构性矛盾和外部形势变化，供给侧结构性改革通过调整供给侧改革提升企业的生产效率，推动金融去杠杆，实现金融和实体的良性循环。通过供给侧结构改革推动经济良性循环表现为"供给侧改革和创新驱动—提升企业生产效益—各类要素配置效率

提升—居民收入稳步提高—经济高质量发展"。在这一阶段，国内循环自主性不断上升，但关键技术领域和国际市场仍然受制于海外。

五、供需双动力、畅通的国内国际双循环

2020年新冠肺炎疫情加速了百年未有之大变局演进，国际经贸斗争加剧，经济全球化面临危机，全球供应链、产业链、价值链、创新链面临重构。同时，全球正经历新一轮技术革命和能源革命，数字化、智能化、低碳化成为全球经济转型的大趋势。而国内的劳动力等要素条件也发生了新的阶段性变化。复杂多变的国际环境，对国民经济循环的安全稳定构成了冲击，同时依靠国际技术引进和国际需求的循环动力已难以持续，国内经济循环也面临收入分配、流通不畅等堵点问题。在此背景下，2020年5月中央提出双循环新发展格局，把实施扩大内需战略同深化供给侧结构性改革有机结合起来。实现供需双向动力源，以创新驱动、高质量供给引领和创造新需求，同时打通各类循环堵点，畅通国民经济循环，形成以国内大循环牵引国际循环的模式。

综上所述，新中国成立以来，我国国民经济循环经历了冷战对立、全球化快速发展和逆全球化的国际环境变化，经历了封闭失衡的国内循环、国内国际循环潜力释放、国际大循环驱动、做大国内循环等多个阶段，国民经济循环的重点也从比例调整转变为发展动力源、畅通循环。这表明，新发展格局既是之前一系列经济战略的整合和升级，也是中国特色社会主义政治经济学在经济实践中与时俱进的体现。

第四节　国内国际双循环的结构、动力阻力和依存关系

为了更好地理解国内国际双循环的现状和问题，我们从循环的结构、

动力和堵点、依存关系入手，分析国内循环和国际循环的比例结构，研究循环动力的转换和依存关系的调整。

一、国内国际循环的结构

为了更好地分析国民经济中国内循环和国际循环的作用，本书采用ADB 国际投入产出表（见图 1 − 2）将各国的增加值进行分解。

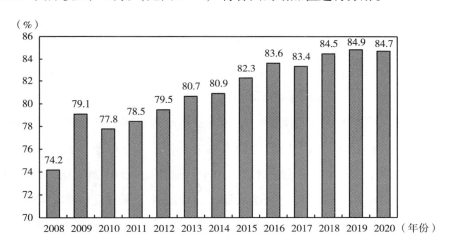

（%）

图 1 − 2　中国增加值国内循环的比例

注：ADB 国际投入产出表数据是亚洲开发银行包含 62 个经济体的国际投入产出表，时间跨度为2000 年，2007 ~ 2020 年，https://mrio.adbx.online/mrio-series-62-economies-at-current-prices/。

由图 1 − 2 可以看到，2008 年国内循环比例仅为 74.2%，相应国际循环创造的增加值则为 25.8%。在全球金融危机外需萎缩和 2009 年国内刺激政策的带动下，国内循环比例迅速上升至 2009 年的 79.1%，在此之后缓慢上升至 2020 年的 84.7%。特别地，2020 年尽管有新冠肺炎疫情的影响，但疫情的全球蔓延和中国的有效防控、率先复产复工形成鲜明对比，生活必需品和防疫物资的大量出口提升了中国经济国际循环的比例。总体来看，在 2008 年金融危机以后，国内需求填补了萎缩的国际需求，中国国内循环的比例不断上升，国内大循环的主体地位逐渐巩固，可以说

"以国内大循环为主体"是具有宏观实践基础的。

从细分行业来看，各行业增加值国内循环的比例均出现了大幅上升，"以国内大循环为主体"也存在产业基础。2008～2018年，农林牧渔业从82.3%提高到了87.1%，制造业平均从59.9%提高到了71.6%，服务业平均从81.3%提高到了87.5%，纺织业和电子产品制造业是国内循环较低、国际循环较高的行业，参与全球价值链程度最深。除了这两个行业之外，其他行业的国内循环比例基本都在65%以上，服务业均超过80%。2019年、2020年国际经贸摩擦和新冠肺炎疫情等冲击接踵而来，各行业参与国内国际循环比例也出现了明显变化，与2018年相比，2020年农林牧渔业、食品加工、纺织业、皮革业等面向最终生活消费的行业国际循环比例大幅提升，纺织业国际循环比例更是大幅提高了7.8个百分点。同时，化工、橡胶等资本密集型产业和电子产品等技术密集型产业的国际循环比例大幅下降、国内循环比例大幅上升，尤其是电子产品的国内循环比例提高了5.4个百分点，此外，由于新冠肺炎疫情严重限制了国际商品和人员流动，批发零售、交通运输、商业服务等服务业的国内循环程度也大幅提升，零售业国内循环比例上升8.6个百分点、交通运输上升8.1个百分点、商业服务业上升4.1个百分点，服务业以国内循环为主的特征更为明显。

尽管国民经济中国内大循环的比例不断上升，但国际循环仍然是国民经济的重要牵引力。第一，近年来国际循环对中国经济增长的支撑作用更为凸显，由于新冠肺炎疫情的全球肆虐，其他国家生产供应出现困难从而增加了对中国的进口需求。第二，参与国际循环是中国产业技术水平提升的重要路径。电子产品制造业等高新技术产业是全球价值链分工的主要行业，尽管面临关键核心技术和零部件"卡脖子"等问题，但该行业与全球前沿生产技术的差距却在参与国际循环的过程中逐渐缩小。汽车制造业作为工业的集成行业，根据国家统计局数据，2019年引进技术经费支出占R&D支出仍然高达20.9%。第三，国际循环依然是中国发达省份的重要增长引擎，利用 2015 年 31 省份的区域间投入产出表数据，[①] 对各省份增加值进行上述方法的分解，可以发现中国经济活力较强的发达省份的国际循环比例远远高于 15% ~ 17% 的全国水平，如广东GDP 的国际循环比例高达 34.6%，浙江为 27.6%，上海为 26.9%，福建为 23.4%，江苏为 20.0%，北京为 19.8%，这说明参与国际循环仍然是中国最具经济活力地区的重要发展动力源。

二、循环的创新动力分析

中国仍处于国外技术依赖和模仿阶段，自主创新驱动经济发展动力严重不足。尽管近年来中国研发经费支出快速增长，根据 OECD 研发投入数据，R&D 支出占 GDP 的比重从 2000 年的 0.89% 迅速提升到 2019 年的 2.23%，已接近 OECD 国家 2.38% 的平均水平。但中国 R&D 支出中的基础研究比重相当低，中国 R&D 支出中基础研发、应用研究、试验发展的比例为 6%：11%：83%，而同期美国为 17%：20%：64%，日本为 13%：19%：68%，可知中国的研发侧重于创新的末端，主要用于新技术的推广和应用。中国基础研究经费占 GDP 比重仅为 0.12%，远远低于美国、日本、法国等国家 0.4% 以上的水平。

从历史经验来看，加强自主技术创新是大国人均 GDP 超过 1 万美元以后的重要战略选择。2019 年中国人均 GDP 超过 1 万美元，按照世界银行 WDI 数据库，20 世纪 70 年代末到 80 年代初，美国、日本、英国、法国、德国等发达经济体人均 GDP 纷纷达到 1 万美元。同时由于石油危机等严峻冲击，这些发达经济体经历了严峻的经济萧条，战后依靠福特制形成的经济良性循环"黄金时代"结束。在产业和贸易竞争白热化背景下，美国、西欧各国、日本都加强了自主技术创新。1980

017

---

① 31 省份的区域间投入产出表，引自 Zheng et al.，2020. Regional determinants of China's consumption – based emissions in the economic transition. Environ. Res. Lett。

年美国通过了著名的《专利与商标法修正法》（拜杜法案），1984 年出台了《拜杜法修正案》。1985 年，法国总统倡议欧共体实施"欧洲研究协调机构"（即著名的"尤里卡"）计划。1980 年日本通产省正式提出"技术立国"战略口号。美国基础研发支出占 R&D 比重从 1985 年的12.9% 提升到 2003 年的峰值 19.1%，日本则从 1985 年的 11.6% 提高到 1995 年的 14.2%。

三、循环的需求动力分析

国内需求成为经济循环主体但动力源仍显不足。近年来投资对经济增长的贡献和拉动作用明显下降，消费已经取代投资成为经济增长的第一动力，但这并不是由于消费快速增长，而是由于投资贡献的快速下降。根据国家统计局数据，2019 年消费对经济增长的拉动为 3.5 个百分点，较 2017 年和 2018 年的 4.0 个、4.4 个百分点出现了明显的下降。消费率较低始终是制约内需扩张的主要障碍。从国际比较来看，2020 年我国消费率分别比美国、日本、德国、法国、韩国低 27.8 个、20.4 个、19.5 个、23.9 个、10.2 个百分点，主要差距来源于居民消费率。虽然后发国家在追赶过程中普遍存在注重资本积累、消费率不高的阶段性现象，但我国居民消费率比日本、韩国的历史最低值还要低 12.7 个、9 个百分点。

国内需求动力不足源于国民收入经过小循环最终沉积在土地和房产中。根据国家统计局的收入分配数据，2014～2019 年，20% 低收入户、20% 中等偏下收入户、20% 中等收入户、20% 中等偏上收入户、20% 高收入户的平均收入增速分别为 9.22%、7.7%、7.26%、7.81%、8.43%，呈现显著的"中间低、两头高"现象，中等收入群体收入增长较慢，收入差距格局尚未有较大改善。根据中国人民银行调查显示，最低 20% 家庭所拥有资产仅占全部资产的 2.6%，而最高 20% 家庭占比达 63.0%。

同时，金融资源过多地配置在房地产部门，我国房地产相关贷款占银行业贷款的39%，还有大量债券、股本、信托等资金进入房地产行业。在消费环节，过高的住房价格导致居民不得不拿出大量收入、透支未来收入购买住房，严重挤压了居民的消费潜力。

四、循环的内外依存关系

参与国际价值循环的比较优势条件已发生改变。改革开放以来，中国参与国际大循环主要基于全球价值链循环，基本逻辑是依托廉价生产成本（包括较低的劳动力、土地、环境成本等）参与国际生产分工，以加工贸易出口换取外汇购买国外的资本品和技术。这种模式推动对外贸易快速发展的同时也造成了贸易不平衡、贸易摩擦加剧的问题。随着中国劳动力、土地、环保成本不断上升，资本和劳动力的相对稀缺性出现了逆转，参与国际循环的比较优势条件已发生转变。在这种背景下，如果仍然延续以往的国际大循环模式，中国出口竞争力存在不断被削弱的可能性。事实上，根据国际收支平衡表，中国国际贸易盈余占GDP之比从2007年的峰值8.7%不断下降至2019年的1.1%。而同时国际投资盈余也逐年下降，但中国并未建立起海外投资和收入体系，海外收入盈余占GDP比重始终位于 - 0.5% ~ 0。

提升参与国际投资循环能力。根据IMF的全球对外直接投资存量矩阵，[①] 美国是全球最大的直接投资目的国，2019年吸引了12.25%的直接投资，中国是第二大的直接投资目的国，吸引了8.07%。美国对外直接投资存量占全球比重为12.78%，而中国仅为2.24%。日本、英国、法国、德国的经济体量、贸易额远不如中国，但对外投资存量占全球比重均高于中国。而在金融投资方面，仅美国、日本、英国、法国、德国五

---

① IMF Coordinated Portfolio Investment Survey（CPIS），Table 11.

国对外证券投资存量占全球比例就高达46.31%，中国仅占2.14%，两者存在数量级上的严重差距。要顺应中国对外产业"雁阵转移"的趋势，逐步形成以我为主轴的区域生产链条循环体系，从单纯的国际贸易获利转向国际投资和产业合作获利。但过快对外投资和产能转移，可能引发国内产业空心化和产业链安全问题，应把握好对外投资的节奏，建立国际产能合作产业链安全评估机制。

以强大国内市场集聚国际要素资源。中国应致力于构建依靠内生增长的大国内部循环，以强大的国内需求为依托和牵引，着力扩大国内市场需求，提升进口规模和质量，在保证金融安全、数据安全、产业安全的前提下，推进国内的贸易服务标准与国际相接轨，加快金融业对外开放、数字贸易和数字产业开放，以国内经济的强大引力场来更大范围和更深层次吸引和集聚全球资本、高端人才、数据、知识等要素，推进全球创新资源合作，更好地利用两种市场、两种要素，推动构建人类命运共同体，为疫情后世界经济的复苏提供中国力量，从而实现国内和国际循环的良性互动。

第五节　构建双循环新发展格局的正反馈机制

基于对循环比例结构、动力和堵点的分析，国内大循环要实现供需双向动力，同时打通收入分配、要素配置、产业协调、商品流通等主要循环堵点，形成"创新驱动—资源更多向创新企业流动—供给质量提升—要素配置优化—收入分配优化—需求结构升级"供需双向驱动的良性正反馈循环，并且以国内大循环集聚国际新型要素资源，在生产、分配、流通、消费各环节形成对国际大循环的辐射作用，形成国内国际循环良性互动新格局（见图1-3）。

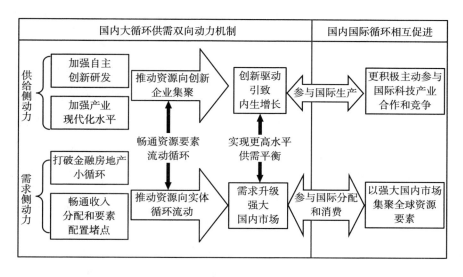

图 1 - 3 国内国际双循环正反馈机制

一是通过科技创新促进内生增长。加快建立市场经济条件下关键核心技术攻关新型举国体制和自由灵活创新机制，让技术成为驱动大国内生循环并保持经济持续增长的关键力量。发挥集中力量办大事的制度优势，在集成电路、人工智能、量子信息、生物工程、先进制造等领域攻克一批基础性技术和通用共性技术，并引导社会企业加快技术应用步伐，增强行业整体实力水平。对一些不确定性强的重大前沿技术，通过自有灵活的创新机制引导市场主体创新突破。加大基础研究投入，完善支持企业、研究机构创新的配套政策。适应创新型国家建设需要，更多将收入分配向高层次科技人才倾斜。

二是以提升消费率为抓手促进内需主导。积极培育强大国内市场，建立完整的内需体系，发挥好内需在建立大国循环中的基础优势作用。持续扩大消费，巩固住房、汽车等大宗消费品市场，加快发展教育、健康、托育等服务消费，鼓励消费新模式规范发展，抓好具有巨大撬动效应的消费刺激点。提升社会保障等转移性收入水平，使更多低收入群体进入中等收入群体。进一步降低个人所得税负担，缓解中等收入群体的刚性支出压力和焦虑情绪。破除制约优质消费产品和服务发展的体制障碍，促进高收入群体海外消费回流。努力扩大投资，着眼于优化未来的供给结构，改善投资模式，统筹引导社会资本投向。围绕保增长、惠民生，加强现成新型城镇化建设，补齐基础设施和公共服务设施短板。

三是畅通收入分配等堵点、改善资源要素循环机制。优化居民内部收入分配结构，扩大中等收入群体规模和比重。加快推动新型职业农民、技能人才、高校毕业生等进入中等收入群体。创造高质量就业岗位，以高质量就业带动收入增加。提高教育培训质量，培养更多适应产业升级需要的劳动者。围绕居民关注的教育、医疗、住房等社会领域，增加政府公共服务支出，建设以家庭为单位的福利支持体系，完善社会保障体系。优化调整各类生产要素和市场主体的利益回报机制，通过合理的利益激励打通经济循环的堵点，推动各链条顺畅衔接、相互促进。理顺市场回报激励机制，重点抓好优化市场环境和培育市场化参与主体两个关键环节，抓紧解决要素自由流动受阻、资源配置扭曲等问题，形成有效的市场激励机制。

四是让金融资金循环更好地服务于实体价值循环。要避免金融资金在金融体系、房地产等领域空转，打破金融房地产小循环，让金融资金更好地服务于生产、分配、流通、消费等价值流转环节。推动金融资源真正配置到创新型企业，服务居民消费升级。要防止避免政府部门占用过多的金融资源，造成投资效率下降。

五是提升国际投资能力构建区域产业循环。深化对外投资管理体制改革，创新政策支持手段，主要是财政金融支持和便利化服务。打造中国投资品牌，深化国际产业合作，提升投资与贸易的联动性。通过加大涉外谈判力度，通过双边和区域协议向国外合作伙伴争取更多的市场准入机会，利用产业和市场的互补性推动投资合作。建立产业转移的政策引导机制，建立国际产能合作的评估机制，充分评估产业转移可能引起的全球产业链布局、就业损失、利润增长、人民币国际化、国际政治等方面的影响。

六是以国内经济发展为主场集聚全球要素资源。进一步推动金融对外开放，依托金融中心城市、自由贸易港、自贸区等平台吸引集聚全球资本，逐步接轨国际金融市场，借机打造若干更具影响力的全球金融中心，提升人民币在国际资本循环中的话语权。要在保障国家信息安全的前提下，积极推进信息高质量开放。重点吸引在金融、生物医药、信息技术、专业服务等领域的高端国际人才。顺应科技要素流动的新趋势，创新科技合作新机制，通过与发达国家进行合作研究、委托研发和联合开发等方式，形成全球创新网络。

第二章

国内国际价值循环分析方法及实证应用

形成以国内大循环为主体、国内国际双循环相互促进的新发展格局是未来一个时期内的重要发展战略方向。科学评估国民经济发展依靠国内和国际循环的程度，有利于更好理解和把握双循环战略的历史性意义，提出有针对性的政策举措。本书利用国际投入产出数据，将 GDP 分解为纯国内循环创造的部分和参与国际循环创造的部分。

第一节　文献综述

本节的相关文献主要分为两个方面：一方面是国家层面的国内国际循环测算；另一方面是区域层面的循环比例测算。国家层面分为两类：一类是关于国际大循环、国内大循环、国内国际双循环的理念论述和学术探讨；另一类是利用投入产出表进行国际、区域联系分析和增加值贡献分析的理论研究。

王建（1988）提出作为发展中大国，中国应充分利用农村劳动力资源丰富的优势，大力发展劳动密集型产品出口，换取外汇收入支持国内的基础工业和基础设施建设，从而推动资金密集型产业发展，这种发展战略被称为国际大循环经济发展战略。实践证明，20 世纪 90 年代以后尤其是中国加入 WTO 以后，利用劳动力成本优势发展出口导向型产业获得了巨大的产业成功。但在中国劳动力成本不断上升、国际经贸压力不断增大的情况下，国际大循环战略也面临诸多困境。如贾根良（2010）认为国际大循环存在"低端锁定"的重大局限，不仅使我国在国际分工中被锁定于产业低端的依附地位，而且也使我国遭受美元霸权的掠夺，造成外向和内需相分割的"二元经济"。他因而提出应该走国内经济循环为主的发展战略。高洪民（2016）以人民币国际化的快速发展为背景，通过理论分析提出构建跨境实体经济循环和跨境金融循环的人民币国际化循环路径。事实上，2007 年全球金融危机以后，随着国内"四万亿"刺激政策的出台，拉动内需成为重要的战略，此后畅通国内循环日益成为重要的经济发展方向。面对新冠肺炎疫情肆虐后日益复杂的国际国内环境，2020 年 5 月 14 日的中共中央政治局常务委员会提出"充分发挥我国超大规模市场优势和内需潜力，构建国内国际双循环相互促进的新发展格局"。习近平又多次提及"推动形成以国内大循环为主体、国内国际双循环相互促进的新发展格局"。双循环发展战略的理念初步成型。

025

利用投入产出表进行国际和区域联系、增加值分析方面的研究相对成熟。沈利生和吴振宇（2004）利用投入产出模型，从需求出发计算了出口对经济增长的贡献，从供给出发计算了进口对经济增长的贡献，重点对进口和出口拉动的国内增加值部分进行了分解。王直等（2015）利用国际投入产出表对贸易的增加值进行了分解，将贸易流分解法扩展到部门、双边和双边部门层面，进一步将贸易流分解为多个部门，填补了贸易总量分析的不足。彭支伟和张伯伟（2018）通过一个两国模型推演不同贸易方式下的国际分工收益决定机制，研究了经济体依赖外部生产网络和全球价值链发展的关系。陆江源等（2018）通过计算基于消耗系数的投入产出关联强度和基于产业链接强度的技术效率乘数，分析了经济结构中的要素配置效率和增加值分配问题。罗集广（2019）利用投入产出模型，分析了湖南省内四大区域 13 个产业的经济特征及其相互联系。韩中（2020）基于 WIOD 数据库提供的世界投入产出表（WIOT）和社会经济账户（SEA），对全球价值链视角下的中国出口进行了增加值分解，研究了中国增加值的主要来源地和主要行业。

在研究方法上，近年来学术界定量国内国际循环形成了较为丰硕的成果，且主要集中于内外循环比例关系的静态对比。一是从总量贸易角度度量外循环。如江小涓和孟丽君（2021）利用传统的贸易统计数据从中间品出口比重、外商投资企业出口比重、加工贸易出口比重和对外贸易依存度四个方面定义并测度了中国经济不同发展阶段的外循环地位。但随着全球生产、分工网络不断深化，大规模的中间品贸易使传统的贸易统计数据很难对双循环进行准确的测度。二是利用国际投入产出表从增加值分解角度研究内外循环比例结构。近年来涌现了大量基于全球投入产出模型的增加值分解方法，为国内国际循环比例测算奠定了理论方法基础，其中比较有代表性研究如库普曼等（Koopman et al.，2014）、倪红福等（2016）。在这些研究基础上，部分学者开始对增加值进行分解，区分并测度国内和国际循环，陆江源（2020）较早地利用 OECD 国际投入产出表对 1995～2015 年 GDP 国内和国际循环进行了分解。黄群慧和倪红福（2021）基于全球价值链的国内国际循环将 GDP 分解为四项，即国内最终品生产的国内简单循环的直接增加、国内最终品生产的国内复杂循环的间接增加、国际最终品生产的简单国际循环的增加值和国际最终品生产的国际复杂循环的增加值，并利用全球投入产出数据库（WIOD）进行了实证测算分析和跨国比较研究。陈昌兵（2021）利用全球投入产出数据库（WIOD）从供给和需求两端测算进口和出口对中国GDP 的贡献率。陆江源等（2022）进一步利用最新的 ADB 投入产出表数据，分解了中国 2008～2020 年国内国际循环比例，并分析了 2020 年疫情冲击对内外循环的结构性影响。总的来看，静态地分解国内国际循环对GDP 某一年的贡献，研究已较为丰富和成熟。

但国内国际循环更重要的是其动力结构，因为从静态考察，不管是国内循环高一点还是国际循环高一点，因国家自身发展条件和发展阶段而异，对循环应该处于何种水平、发挥多大作用缺乏客观的科学标准，也难有学术层面的研究共识。但在政策实践中，我们更关心国内和国际循环对经济增长的拉动作用，因此从国内国际循环角度研究经济增长就十分必要。但目前这方面研究较为匮乏。从经济增长核算的角度，索洛（Solow，1957）较早地从供给端的要素投入角度考察了经济增长。之后有许多研究对索洛的方法做了改进，使用增长核算方法研究中国经济增长问题的代表性文献有张军和施少华（2003）、郭庆旺和贾俊学（2005）、王小鲁等（2009）和中国经济增长前沿课题组（2012）。陆江源等（2018）则从供给端要素配置效率改进角度研究经济增长。但在新发展格局背景下，仅从供给端对增长进行核算已无法满足经济实践的需要，同时也无法区分国内循环和国际循环。而 GDP 支出法消费、投资、净出口的分类方法，将出口和进口相抵消从而极大低估了国际循环对经济增长的拉动效应。

由于经济大循环的概念主要侧重于一国或多国的层面展开讨论，因此从地方区域角度研究国内国际循环的研究较为匮乏，但地方又是国内国际双循环真正的实践主体，不同的地方经济禀赋也导致了不同的循环参与模式。尤其是在我国提出新发展格局以后，各地都在积极探索服务和融入新发展格局的定位和具体做法。与本书研究内容直接对应的文献较为匮乏，相近的文献主要有三个层面：一是主题相近，定性地研究区域和地方如何融入和服务新发展格局；二是方法相近，从全国层面利用投入产出法定量测算国内国际循环比例；三是数据应用相似，利用区域间投入产出表的相关研究。

在地方服务和融入新发展格局方面，现有的研究主要是 2020 年以来从地方层面分析新发展格局的研究。如李宜达（2021）认为，应以三维网络之力形成经济发展新格局，分别为打造区域协调分工网络、畅通城市群内沟通机制、构筑高效商贸流通网络。姚树洁和张帆（2021）认为区域经济均衡高质量是双循环新发展格局的重要内涵。但缺乏相应的数据支撑，研究仅局限在理念论述层面，而实证分析不足。更多的研究从具体的区域和省份出发，分析当地服务和融入新发展格局的优劣势。马晓玲（2021）围绕构建新发展格局分析了广东的优势以及在供给、需求和供需匹配上的劣势，并从需求、供给、区域、市场机制和改革开放等方面提出解决路径。张雪原和周君（2021）研究了新发展格局下经济循环方式的变革和西部内陆地区面临的机遇，认为西部内陆地区要融入新发展格局，关键在于在国内大循环中通过畅通要素循环流动，与东部沿海地区形成更好的互动，从而深度参与国内国际产业分工。李恩平（2021）则研究了近海城市在国内国际双循环中的重要枢纽节点作用，认为加快近海城市的产业承接和人口城镇化扩展，有利于我国关键产业链的创新构建和分工拓展升级，有利于国家区域均衡发展、合理城镇化格局和促进共同富裕目标的实现，有利于沿海和内陆省份统一大市场形成和国内国际双循环相互促进。但正是由于相应地方参与国内国际双循环分析方法和数据的缺乏，使相关研究的数据支撑性不足。更重要的是，如何统筹协调全国共性和地方特性的关系，成为相应文献的难点，因为定性研究往往只能涉及单个地方或者某类地区的特性，而不能兼顾全国共性，也很难从全国层面去看地方在新发展格局中的位置。

总体而言，现有对于国内国际循环测算和增长核算的研究存在一定的不足。第一，现有的文献多是分解测算单一年份 GDP 中的内外循环比例，很少有文献基于增长视角深入分析内外循环对一国经济增长的拉动作用以及寻找内外循环中拉动经济增长的关键行业。第二，从需求侧对经济增长的来源分解不够。现有研究多数是从长期增长框架出发，估算潜在经济增长。这种分析对于需求不足和短期分析情形略显不足。第三，现有文献在测度和分析双循环时，更多的是从经济发展的某个阶段考察各类经济循环对中国经济的影响，很少有文献从长时期的动态视角考察双循环对中国经济的影响以及探讨双循环的国际经验。

第二节　从增加值分解角度看国内国际
循环比例结构

　　形成以国内大循环为主体、国内国际双循环相互促进的新发展格局是未来一个时期内的重要发展战略方向。强大国内市场，畅通国民经济内循环，提升经济自主性和安全性，是大国经济高质量发展的必然要求。国内国际双循环相互促进意味着国内经济循环效率提升的同时，参与国际大循环的竞争力也需要显著提升。从数据分析角度科学地评估国民经济发展依靠国内循环和国际循环的程度，分析国内、国际循环的阶段性变化特征，对于理解和把握双循环新发展格局具有十分重要的意义，有利于提升政策制定的科学性、合理性和针对性。

　　如何评估经济发展依靠国内和国际循环的程度？目前学术界的研究比较少。一般以经济的外向型依赖度来间接地衡量参与国际大循环的能力。比如通过进出口总额与 GDP 之比来表示的外贸依存度指标，通过支出法计算的 GDP 中净出口贡献的比重等。根据国家统计局数据，改革开放以后，外贸依存度和净出口的 GDP 占比均出现了明显的增长态势，到 2006～2007 年达到一个峰值，外贸依存度从 1978 年的 9.65% 提高到 2006 年的 64.24%，净出口占 GDP 比重从 1978 年的 −3.16% 提升到了 2007 年的 8.66%（见图 2−1）。随后受 2007 年国际金融危机及后续逆全球化影响，我国的外向型依赖度不断下降，2020 年外贸依存度下降至 31.70%，净出口占 GDP 比重下降至 2.60%，这也可以间接地印证国民经济依靠国内、国际循环的比重此升彼降的趋势。但这类指标都存在较大的缺陷：进出口总额是总量贸易指标，而 GDP 是增加值概念，两者本就不具备直接可比性，只能衡量进出口对经济的重要程度；而净出口占 GDP 的比重则忽略了出口和进口拉动的国内增加值部分，从而严重低估了参与国际循环的水平。如何科学地评估国内国际循环的程度成为一个难题。

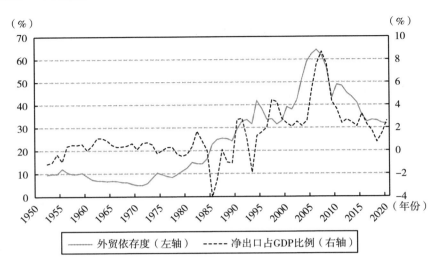

图 2 - 1 中国经济的外向依存度指标

资料来源：国家统计局。

本章通过定义学术意义上的国内国际双循环概念，并利用 OECD 的国际投入产出表，以增加值分解的方法，测算出中国和其他世界主要国家的国内经济循环和国际循环的比例关系，从而进一步分析不同经济的双循环模式主要选择，为双循环发展战略提供了理论支撑。

一、中国国内国际双循环的比例测算

本书首先定义了国内国际循环的学术概念，并利用增加值分解的方法，测算了国内国际循环的比例。

（一）国内国际双循环概念定义及测算方法

从投入产出的角度，国民经济循环可以分为三个环节：一是资本、劳动等要素的投入和收入分配的环节；二是各产业之间的投入产出环节；

三是形成最终产品满足最终需求的环节（见图2-2）。因此，国内经济循环是指纯国内要素投入和收入分配、纯国内产业的投入产出、满足纯国内最终需求的增加值创造过程，即以上三个环节均不参与国际价值创造。相反，国际循环是指在要素投入和分配、产业投入产出、满足最终需求中的一个或多个环节中参与国际价值创造的过程。因此，无论某一环节是否在国内创造价值，只要与之关联的环节参与国际循环，该循环即被视为国际循环的一部分。在这个定义下，国内循环和国际循环不存在交集，可以将国民生产总值分解为完全独立的国内循环、国际循环两部分。

031

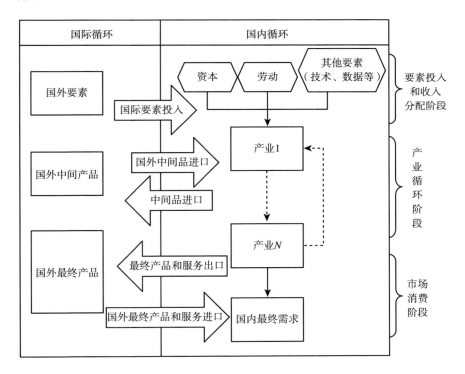

图2-2 国内和国际双循环图例

通过增加值分解方法，需要先结算国际循环的比例，再间接计算国内循环的比例。从增加值分解的角度，国民经济循环产生的增加值可以被分为五大部分：A. 国内经济循环创造的增加值，与国际投入和产出没有任何关联；B. 中国出口在国外创造的增加值；C. 中国出口拉动的上游产业在国内创造的增加值；D. 外国进口推动的国内下游产业在国内创造的增加值；E. 外国进口在中国创造的增加值（见图 2 - 3）。

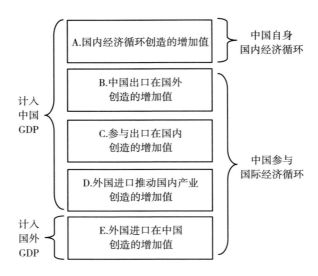

图 2 - 3　国民经济中国内和国际循环创造的增加值分解

投入产出关系中，总投入转化为了中间品产出和最终需求，最终需求与总投入存在矩阵数量关系，可以表示为：

$$Y = B \times Y + D \Rightarrow Y = (1 - B)^{-1} \times D \qquad (2-1)$$

该式可以进一步改写为：

$$V = v \times Y = v \times (1 - B)^{-1} \times D \qquad (2-2)$$

其中，Y 是总投入也是总产出，V 是各国各行业的增加值向量，行业增加值加总就是某国的 GDP 总和，v 是各国各行业的增加值率向量，等于增加值 V 处于总投入 Y，B 是直接消耗系数矩阵，$(I - B)^{-1}$ 是里昂惕夫系数矩阵，D 是各国的最终需求。

在国际投入产出表的结构中（见图 2 - 4），最终需求可以分解为四个主要部分，因而增加值也就可以被分解为四大部分，因此从最终需求引

国别	本国	外国	本国最终需求	外国最终需求	总产出
本国	本国对本国的中间投入（I_{01}）	本国对外国的中间投入（I_{02}）	本国满足的本国需求（D_1）	本国满足的外国需求（D_2）	本国总产出
外国	外国对本国的中间投入（I_{03}）	外国对外国的中间投入（I_{04}）	外国满足的本国需求（D_3）	外国满足的外国需求（D_4）	外国总产出
增加值	本国增加值	外国增加值			
总产出	本国总投入	外国总投入			

图 2-4 简化的国际投入产出表的基本结构

致增加值创造的角度，增加值可以进行以下分解：

$$V = \begin{cases} \underbrace{v \times (1-B)^{-1} \times D_1}_{v_1} + \underbrace{v \times (1-B)^{-1} \times D_2}_{v_2} \\ \underbrace{v \times (1-B)^{-1} \times D_1}_{v_3} + \underbrace{v \times (1-B)^{-1} \times D_2}_{v_4} \end{cases} \qquad (2-3)$$

其中，$D = D_1 + D_2 + D_3 + D_4$，$D_1$ 是本国增加值满足的本国最终需求，D_2 是本国出口最终品满足的外国最终需求，D_3 是外国满足的本国需求，D_4 是外国满足外国的最终需求。D_1 对应的 V_1 内涵很明确，就是满足国内需求的国内增加值部分。D_2 对应的 V_2 也较为明确，即满足外国需求的国内增加值部分，属于国际循环。D_3 是外国最终品进口满足的本国需求，但同样可以分解出本国增加值 V_3，这部分就是本国中间品投入外国最终品并最终进口到本国的增加值，属于复杂的国际循环。同样 D_4 对应的 V_4 就是本国中间品投入外国最终品并满足外国需求的增加值，也属于复杂国际循环。由此，V_2，V_3，V_4 都属于国际循环创造的增加值。但 V_1 仍有待进一步分解。

在 V_1 满足 D_1 过程中，除了使用本国投入产出关系 I_{01} 外，还使用与外国关联的投入产出关系 I_{02} 和 I_{03}，通过将 I_{02} 和 I_{03} 清零，进一步得到只包含本国投入产出关系的修正直接消耗系数矩阵 B'，从而将公式进一步修正为：

$$V'_1 = v \times (1 - B')^{-1} \times D_1 \qquad (2-4)$$

其中，V'_1 是只通过本国投入产出关系满足本国最终需求的国内增加值，可以理解为纯国内循环创造的增加值部分。$V_1 - V'_1$、V_2、V_3、V_4 的总和就是国际循环创造的增加值部分。特别地，还可以进一步将 D_1 分解为纯国内消费 C 和纯国内投资 I，从而分解出不同纯国内消费和投资拉动的国内增加值。

目前应用较多国际投入产出表主要包括 WIOD 的 2014 年版本（时间跨度为 1995 ~ 2011 年），WIOD 的 2016 年版本（2000 ~ 2014 年），OECD 的 2021 年版本（1995 ~ 2018 年），ADB 的 2021 年版本（2000 年，2007 ~ 2020 年）。特别地，WIOD 在 2021 年底发布了包括 23 个经济体、24 个行业的历史国际投入产出表，时间跨度为 1965 ~ 2000 年。本书在计算国内国际循环增加值比例时，对上述各类国际投入产出表都进行了测算，并进行了比较。

（二）国内国际循环比例测算

各类数据库的测算结果存在一定的差异，但国内国际循环的比例变化趋势基本一致。通过对比 WIOD 历史数据、WIOD 2014 年版和 2016 年版、OECD 数据和 ADB 数据等各类国际投入产出表，测算得到中国 1965 ~ 2020 年增加值国内循环比例（见图 2-5）。为了更好地看出不同的数据库的异同，本书将数据结果放在同一图表中。WIOD 数据和 ADB 数据具有较好的重合度，在数据重合年份 2007 ~ 2014 年两条线几乎重叠。OECD 测算普遍比其他两个数据库的测算数据高出 2%，这主要是由于 OECD 的国际投入产出表将中国投入产出划分为加工贸易部分和非加工贸易部分，加工贸易的投入产出关系更为简单。而 WIOD 和 ADB 数据并未做此类划分，加工贸易也通过全部投入产出关系产生最终品，这部分加工贸易创造的增加值可能存在高估，由此造成了 OECD

与其他数据库测算的差异。总体来看，各类数据库的测算结果都印证了国内循环比例"U"型变化趋势，在 2009 年等特殊年份也呈现了数据的突变性。

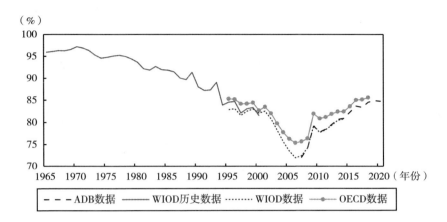

图 2 - 5　1965～2020 年中国历年 GDP 国内循环比例

资料来源：WIOD 历史国际投入产出表，WIOD 国际投入产出表，OECD 国际投入产出表，ADB 国际投入产出表。

从历史上来看，我国参与国内国际双循环主要经历了五个阶段。通常衡量国际循环参与度的指标为外贸依存度和净出口占 GDP 比例，这两个指标由于时间跨度较长且计算简单，较为常用。一是改革开放以前，这一阶段主要以封闭的国内循环为主，国内循环比例高达 95%～97%，国际循环的程度较低，外贸依存度基本在 10% 左右，净出口占 GDP 的比例基本在 0～1%，且波动性较小，进口和出口规模较小且基本处于贸易平衡。二是 1978～2001 年，改革开放以后，我国通过在沿海构建由点到线的对外开放格局，参与国际大循环的程度不断提高，这一阶段外贸依存度从 10% 左右稳步提高至 38%，由于外部环境复杂多变和自身开放经济并不成熟，导致进出口一度出现大幅波动，净出口占 GDP 的比例波动性也大幅增加。国内循环比例从 1978 年的 95% 下降至 2001 年的 83%。当时中国经济参与国际经济分工的水平还不高，中国产品被排斥在国际市场之外。三是2001～2008年，加入WTO后，我国经济迅速融入全球化，外贸依存度一度达到64%的峰值，净出口占GDP的比例也一度达到8.7%。国内循环呈现"U"型变化。加入WTO以后，中国参与国际分工和价值创造的能力不断提升，国际循环创造的增加值占国民经济的比重不断提高，并于2006～2007年达到峰值，相应的国内经济循环比例一度低至73%。全球金融危机迫使中国国内经济循环出现回升态势。四是2008～2017年，2008年全球金融危机后，我国国内循环的比例不断上升，对外经济的依赖度程度下降，经济自主性显著增强，外贸依存度下降到33%左右，净出口占GDP的比例也下降到2%左右。2009年以来，尤其是2012年以来，面对日益严峻的国际经贸形势，我国主动作为，推动经济结构转型升级，促进形成强大国内市场，经济自主性不断提高，国内循环比例从79%左右稳步提升至83%。五是2018年以来，世界经历百年未有之大变局，中美经贸摩擦、新冠肺炎疫情、新一轮科技革命等对世界经济发展带来了深刻变革，我国参与国际大循环的形势也出现了明显的变化。

2020年我国GDP的国内循环比例为84.73%，国际循环比例为15.27%。近年来我国GDP的国内循环比例稳定在84.5%～85%，2018年为84.49%，2019年为84.85%。2020年由于我国有效地防控了新冠肺炎疫情，复产复工有力推进，经济迅速在冲击后恢复，全球对我国的出口依赖反而增强，使国际循环比例有所提升。国内经济循环是大国经济的优势所在，2020年美国GDP国内循环比例为91.26%，日本为86.81%，中国经济国内循环比例还有进一步提升的空间。特别是2020年在新冠肺炎疫情的冲击之下，除了中国、德国外的主要经济国内循环均不同程度上升、国际循环下降，英国、法国等西欧疫情肆虐最为严重的国家尤甚。

中国近年来国内经济循环比例上升源于内需拉动、结构转型、产业自主三大原因。首先，国际需求疲软、国内需求填补是推动国内循环提升的最直接原因。金融危机后发达经济体长期处于缓慢增长状态，国际需求对国际循环的拉动作用始终未能恢复至危机前。随着 2009 年国内刺激政策的出台，国内经济循环水平快速攀升。其次，中国经济结构的服务化转型也是国内循环上升的主要原因。服务业的国内循环比例普遍高于制造业，服务业平均有 90% 的国内循环比例，而制造业由于更深入地参与国际循环，平均仅有 70% 左右的国内循环比例。经济结构向服务业转变，必然带动国内循环水平提升。最后，各细分行业的国内循环比例也普遍提高。受近年来国内产业自主能力和价值创造能力提升的影响，中国各行业尤其是制造业的国内循环比例都出现了明显提升，计算机电子制造业和纺织服装制造业、电气设备等国内循环比例较低的行业提升最为明显。

从各大类行业的国内国际循环比例变化来看，各个行业均呈现了国内循环比例上升、国际循环比例下降的态势。从更细分行业参与国际大循环的特征来看，尽管近年来进口依赖度和出口依赖度均出现了下降，但仍有几个重点细分行业面临着被国外"卡脖子"。

从整体来看，各大类行业国际循环的比例均下降，纺织业、电子产业制造等行业国内循环比例大幅提升（见图 2-6）。2008~2020 年，制造业、服务业等大类行业的国内循环比例均大幅提高，制造业平均国内循环比例从 59.9% 提高到了 71.4%，服务业则从 81.3% 提高到了90.0%。纺织业、皮革业、电子产品制造业是国际循环程度最高的极大行业，国内循环也呈现了大幅上升，纺织业从 38.1% 提高到 46.4%，皮革业从 43.5% 提高到 53.0%，电子产品从 38.8% 提高到 57.2%。就服务业而言，国际循环比例较高的是批发零售、交通运输、商业服务等与制造业紧密关联的服务业，但由于新冠肺炎疫情的冲击，这些行业也呈现出明显的内向化特征。

从细分行业来看，中国各行业的出口依赖度整体要高于进口依赖度，部分行业的供应链产业链安全值得重点关注。根据 153 个细分行业的

2018 年中国投入产出表，以各行业的进口除以总投入得到进口依赖度，以各行业的出口除以总产出得到出口依赖度，这两个分别表示各行业投入和产出过程中对于进口和出口的依赖度（见表 2 - 1）。进口依赖度最高的四大行业是石油和天然气开采、黑色金属采选、有色金属采选、电子元器件，进口依赖度分别高达 58.3%、51.0%、39.4%、37.1%，此外进口依赖度较高的行业还有仪器仪表、日用化学产品、合成材料等。这表明中国进口投入依赖较高的主要是石油、原材料和基础零部件。出口依赖度最高的行业分别是广播电视设备和雷达及配套设备、电气机械和器材、计算机、纺织品、通信设备，这些行业的出口依赖度均在 40% 以上，广播电视设备和雷达及配套设备更是高达 64.1%。此外，其他电子设备制造和轻工业品的对外出口依赖度也较高，普遍达到 30% 以上。这表明中国各行业除了能源和电子零部件进口依赖较高外，主要通过出口各类制成品参与国际大循环。

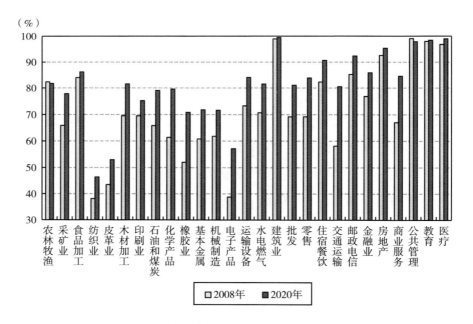

图 2 - 6　中国各行业增加值的国内循环比例

资料来源：ADB 国际投入产出表。

表 2 - 1　　　　　　　**2018 年各行业对进口和出口的依赖度**　　　　单位：%

行业	进口依赖程度	行业	出口依赖程度
石油和天然气开采	58.3	广播电视设备和雷达及配套设备	64.1
黑色金属矿采选	51.0	其他电气机械和器材	59.7
有色金属矿采选	39.4	计算机	47.4
电子元器件	37.1	纺织制成品	45.6
文化、办公用机械	30.6	通信设备	44.2
仪器仪表	29.6	文化、办公用机械	37.2
医疗仪器设备及器械	28.8	文教、体育和娱乐用品	34.8
其他交通运输设备	26.3	船舶及相关装置	34.0
日用化学产品	23.2	视听设备	32.7
其他专用设备	22.4	纺织服装服饰	32.6
有色金属及其合金	21.2	鞋	32.3
合成材料	20.2	工艺美术品	32.2

资料来源：2018 年中国 153 个行业投入产出表。

二、中国参与国际经济循环的特征

中国参与国际循环的内涵不断拓展。中国学者曾提出"国际经济大循环"的概念，原意是指中国借助廉价劳动力优势、通过加工贸易方式参与国际产业分工，发展"两头在外"的产业。这种国际循环模式可以较好地解释 1995～2008 年阶段的国内国际循环关系变化。但 2009 年以后尤其是 2012 年以后中国国内循环比例稳步提升，国际循环又表现出新的内涵特征：产业的全球价值链位势和国际竞争力不断提升，出口的价值创造能力大幅增强、进口的依赖程度明显下降。以加工贸易参与全球分工的国际循环日渐式微。

我国经济对外依赖度下降，对不同经济体的依赖度也发生明显变化。将我国生产的增加值进一步分解到外国，得到我国出口到外国获得的增加值比例（见图 2 - 7）。我国 GDP 中国际循环的比例从 2015 年的 16.65% 下降到 2020 年的 15.27%，经济发展更多地依靠国内大循环。美国仍是中国对外获得增加值最多的经济体，2020 年中国从美国获得增加值占 GDP 的比例为 2.95%，占到国际循环的 19.3%，但由于中美经贸摩擦等因素，美国的比例已出现了显著的下降。与之相反的是，2020 年中国在欧盟和东盟获得的增加值比例分别上升至 2.54% 和 1.01%。此外，英国、韩国、俄罗斯、印度、巴西、墨西哥均是中国参与国际循环的重要价值链伙伴。

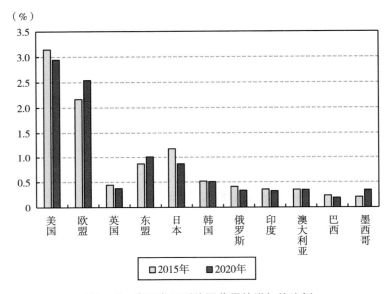

图 2 - 7　我国出口到外国获得的增加值比例

资料来源：ADB 国际投入产出表。

世界对中国依赖性不断增强，主要经济体均表现出对中国生产的依赖性强化（见表 2 - 2）。参与国际大循环是中国与外国的一对关系，在我国对外依赖度不断下降的同时，外国对中国生产的依赖性却在不断增强。以最终需求中由中国生产满足的比例而言，全球（除中国外）2008 年有 2.08% 的最终需求由中国满足，这一比例在 2020 年大幅上升至 3.35%。就中国、美国而言，尽管有中美经贸摩擦等不利影响，美国最终需求由中国生产满足的比例仍然从 2017 年的 1.78% 提高到了 2020 年的 2.08%，考虑到美国国内循环的比例高达 91%，这意味着美国 1/5 以上的国际需求由中国生产满足。此外，欧盟和东盟对中国经济生产的依赖度也明显提高，表现相互依赖型增强的态势。APEC成员（除中国外）对中国生产的依赖度从2008年的2.47%也大幅提高至2020年的4.01%。

表2-2　　**2008～2020年全球和主要经济体对中国的依赖度**　　单位：%

年份	对全球	对美国	对欧盟	对日本	对东盟	APEC
2008	2.08	1.41	1.37	1.97	3.47	2.47
2009	1.99	1.28	1.28	1.69	3.60	2.36
2010	2.32	1.54	1.59	1.87	3.55	2.61
2011	2.54	1.66	1.66	2.08	3.71	2.85
2012	2.71	1.74	1.69	2.20	3.99	2.99
2013	2.85	1.73	1.81	2.68	4.28	3.34
2014	3.04	1.80	1.90	3.03	4.44	3.59
2015	3.15	1.87	2.09	2.97	4.43	3.67
2016	2.91	1.75	1.96	2.48	3.87	3.28
2017	3.05	1.78	2.23	2.68	4.36	3.59
2018	3.11	1.92	2.53	2.46	5.21	3.61
2019	3.09	2.14	2.73	2.71	5.72	4.01
2020	3.35	2.08	2.90	2.52	5.66	4.02

注：表中的数值是各经济体最终需求由中国生产满足的比例。
资料来源：ADB国际投入产出表。

三、主要经济体的双循环模式

利用OECD提供的各国历史投入产出表，对美国、日本、德国、欧盟、亚洲经济体等代表性样本的国内经济循环比例进行比较，分析世界主要经济体的国内国际循环关系，发现美国、日本为国内强循环模式，西欧国家为国内弱循环、区域强循环模式，东盟、韩国等为内部弱循环、国际强循环模式。

（一）美国以国内为循环主体的大国自循环模式

美国的国内经济循环比例在20世纪七八十年代长期高于90%，90年代以来受全球化加速影响，国内循环出现下降态势，但仍处于 86% 以上的较高水平。全球金融危机以后，美国的国内循环呈现缓慢上升态势，呈现出逐步与世界经济脱钩的迹象，目前美国国内循环比例达到 87.6%（见图 2 - 8）。事实上，美国从 80 年代开始长期采取贸易保护主义政策，贸易保护体系不断建立。1974 年美国通过了《1974 年贸易改革法》，其中就有著名的"301 条款"，赋予了总统处理"不公平"贸易的权力。1979 年，美国通过《1979 年贸易协定法》，授予美国特别贸易代表与外国政府就不公平贸易问题磋商的权力，极大地增强了美国总统直接下属的贸易代表的权力。1984 年通过《1984 年贸易与关税法》，将服务贸易纳入"301 条款"。1988 年美国通过《1988 年综合贸易与竞争法》，形成了著名的"超级 301 条款"，规定美国贸易代表通过国家贸易评估报告对损害美国市场的行为进行调查，并可以通过直接或间接地方法以进行反制。毫无疑问，美国自身强大的服务业和贸易保护政策，导致其国民经济中参与国际循环的比例相对较低。

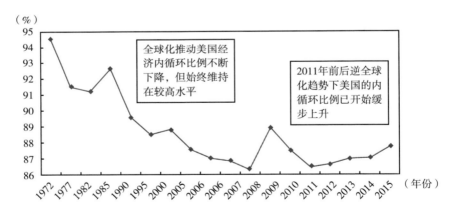

图 2 - 8　美国国内经济循环比例

资料来源：OECD 提供的美国历史投入产出表。

（二）日本从外向型转向内需主导，但逐渐丧失竞争力

日本国内经济循环在 20 世纪七八十年代也呈现出与中国 2001 ~ 2008

年相似的"U"型变化（见图 2 - 9）。进入 80 年代日美经贸摩擦日益加剧、石油危机冲击日益严峻，日本开始积极调整经济结构，对内扩大内需，对外建立区域经济圈。日本政府于 1986 年采取了 6 万亿日元公共投资的紧急经济对策和降低利率至战后最低的财政金融政策，并制定了规模宏大的"第四次全国综合开发计划"，计划期为 1987 ~ 2000 年，用资金与项目配套的模式拉动内需增长。根据该计划，全国被划分为十大开发区，东京大区作为金融和信息职能中心，中部大区作为产业技术职能中心，近畿大区作为文化、学术和研究职能中心，东北大区及九州大区作为尖端技术产业中心等。此后国内经济循环比例快速攀升，1990 ~ 2010 年长期处于 88% ~ 90% 的高位。对外战略而言，日本积极构建以日本为中心的亚太经济圈战略。20 世纪 80 年代开始日本大幅增加对海外投资，在全球尤其是亚洲"四小龙"、中国和东盟国家进行布局，以建立生产、销售、开发一体化体制取代原先的代理经销制。但至今看来，由于日本在国际政治的弱势地位，尽管形成了庞大的海外投资体系，但始终未能建立起一体化的亚太经济圈。由于强大自足的国内自循环能力，日本参与国际循环的产业分工能力逐步减弱，制造业整体全球竞争水平不断下降，产业链竞争力逐步萎缩至关键零部件环节。

043

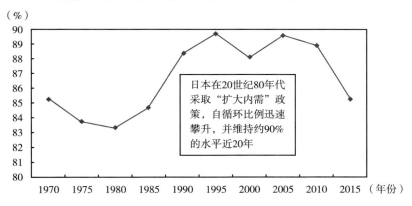

图 2 - 9　日本国内经济循环比例

资料来源：OECD 提供的日本历史投入产出表。

（三）西欧国家采取国内弱循环、区域强循环模式

为了增强与美国、日本在国际贸易中的竞争力，20世纪70年代以来，以西欧国家主导的欧洲经济一体化进程加速（见图2-10）。一方面，欧洲国家建立了区域统一的"欧洲货币单位"，随后发展为欧元；另一方面，推行区域内贸易、投资、人员、资金、技术自由化。西欧国家为了适应国内的产业结构调整，逐步将落后产能和工艺转移投资至东欧国家，以德国对东欧的投资最为明显。德国、法国这些西欧国家与周边国家的经济联系普遍较高，导致国内经济循环比例普遍较低，基本在70%左右。在20世纪90年代以后，德国国内循环比例出现小幅提升，但随着欧盟东扩和欧洲一体化进程加快，德国的国内循环比例长期处于下降态势。欧盟最初的15国区域内循环比例一度高达92%，但现在也下降至80%。同时，欧盟28国的区域内循环比例持续处于高位，目前为88%。构建以西欧国家为中心的区域经济循环体系是西欧国家维持国际竞争力的重要方式。在欧盟"东扩"的过程中，德国和法国等西欧国家的金融和投资力量进一步扩展到中东欧，逐步形成了以西欧国家为中心的欧洲区

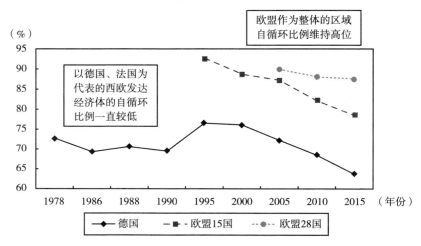

图2-10 德国和欧盟区域内循环比例

资料来源：OECD提供的德国历史投入产出表及国际投入产出表。

域贸易、金融、投资网络，与美国、日本的经济圈形成了有效的竞争和抗衡。

（四）亚洲小型经济体主要是内部弱循环、国际强循环模式

韩国的国内循环比例在 74% 左右，中国台湾地区、中国香港地区的内循环比例仅为 68% 左右，表现出明显的小型外向型经济体特征（见图 2－11）。东盟区域内经济一体化水平远不如欧盟，同时东盟作为成长最快的中国贸易伙伴，对中国的经贸依赖日益增强，目前区域内循环水平也仅为 74%。其实早在 20 世纪 90 年代，美国、日本、韩国、中国台湾等外向型经济体的贸易摩擦日益严重，这些外向型经济体也尝试着转型升级。韩国为了改变贸易摩擦的局面，制定了以促进经济结构高级化和自主化为主的"第七个五年计划"（1992～1996 年）和"2000 年经济展望"，提出"高科技研究和开发计划"，逐步建立自己的科技体系，提高技术自主方面的竞争力，实现产业结构由资本密集型向技术、知识密集型发展的产业升级。同时，韩国提出"西部开发计划"，将经济建设的重心从东南沿海转移到汉城—大田—全州—光州为轴线的西南部沿海地区，兴建为数众多的具有较高的资本和技术、知识密集程度的高层次产

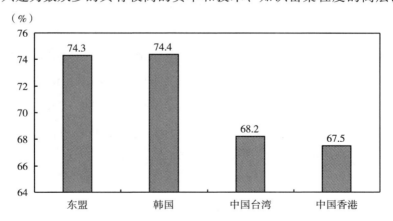

图 2－11　2015 年部分亚洲经济体经济内循环比例

资料来源：OECD 国际投入产出表。

045

业的工业区，在国内经济地理层面从"东南向美日发展"转变为"西南向中国和东南亚"发展。而中国台湾则仍然采取和巩固了外向依赖型的发展战略，导致外向型依赖度仍然较高。从数据上来看，韩国的内循环比例远高于中国台湾。从韩国和中国台湾的发展历程来看，尽管短期内韩国经济增长绩效不及中国台湾，但长至 20 年的周期而言，拥有更强国内经济自主性的韩国经济发展动力更足。

第三节　国内国际循环对经济增长的贡献分解

国内循环和国际循环创造增加值占比，只能衡量内外循环的静态比例关系。内外循环更重要的是拉动经济增长的动力结构，通过 OECD 国际投入产出表进一步将增加值增量进行了国内循环和国际循环的分解，从而得到 1996～2018 年内外循环对经济增长的拉动贡献。

目前的经济增长核算主要从供给端计算，仅从供给端计算经济增长已不能满足构建新发展格局的需要，而从需求端"三驾马车"——"最终消费""资本形成""净出口"无法充分衡量国际循环对增长的拉动效应，忽略了消费和投资中的进口填补和出口拉动作用，净出口抵消了出口和进口的影响，仅考虑净出口容易极大低估国际循环对增长的拉动作用。本书依靠增加值分解的方法，以满足不同最终需求目的的增加值结构来衡量国内循环和国际循环，有效弥补了传统"三驾马车"测算方法的局限性，从"国内循环"和"国际循环"支撑的经济增长进行系统的分解，能够更好地为构建新发展格局提供理论支撑。

一、我国国内国际循环对经济增长的拉动作用

总的来看，1996～2018 年纯国内循环年均拉动经济增长 7. 11 个百分

点（见图2-12），其中纯国内消费拉动4.27个百分点，纯国内投资拉动
2.84个百分点，国际循环年均拉动1.58个百分点，国内消费对经济增长
的拉动最为稳定，方差仅为1.97，纯国内投资对经济增长的拉动方差为
2.26，国际循环的稳定性较差，方差为2.73。

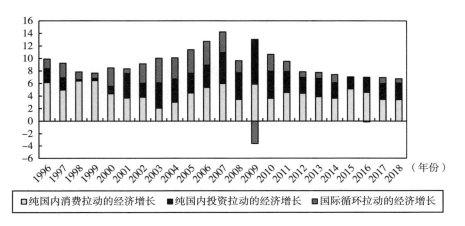

图2-12 1996~2018年中国国内国际循环拉动经济增长的百分点

资料来源：OECD国际投入产出表。

047

分阶段来看，1996~2001年，国内循环对经济增长的拉动年均为
6.97个百分点，国内循环拉动增长贡献率年均为81.4%，国际循环拉动
1.62个百分点，国际循环年均增长贡献率为18.6%。加入WTO以后，
2002~2008年，国内循环对经济增长年均拉动7.72个百分点，对增长拉
动贡献年均为69.6%，国际循环年均拉动增长3.32个百分点，年均增长
贡献为30.4%。外生冲击之下，内循环是我国经济增长的底气所在、韧
性所在，2009年国内循环对经济增长拉动高达13.04个百分点，国际循
环对经济增长的拉动为-3.64个百分点。2010~2018年，国际循环对我
国经济增长的拉动效应呈现整体下降态势，年均拉动经济增长1.08个百
分点，增长贡献率年均仅为12.0%，国内循环对经济增长年均拉动6.85
个百分点，增长贡献率为88.0%。

为了更好地分析测算结果的稳健性，利用WIOD国际投入产出表

2000～2014年的数据和ADB国际投入产出表2007～2020年的数据，同样对国内国际循环拉动经济增长进行了测算（见图2-13）。结果发现，ADB数据和WIOD数据具有较强的重合度，与OECD数据在大多数据年份的重合度较强，在2004年、2005年、2006年利用WIOD数据测算的国际循环拉动经济增长要比OECD数据分别高出0.5个、0.8个和0.9个百分点。使用不同数据进行测算必然存在结果上的差异，上面指出WIOD数据可能对加工贸易的增加值存在高估，因而在加工贸易占比较高的2006年前后，对国际循环拉动经济增长的评估值较高。从整体来看，不同数据库测算的2007年以后的国内国际循环对增长拉动作用结果基本一致，结果具有较强的稳健性。

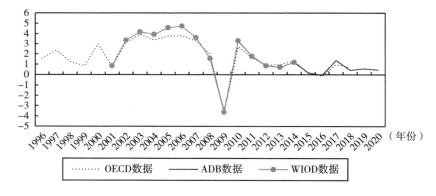

图2-13 依托不同数据库计算的国际循环对经济增长的拉动百分点

资料来源：OECD国际投入产出表，ADB国际投入产出表，WIOD国际投入产出表。

为了更好地分析不同类型国内需求和国际需求对经济增长的拉动作用，笔者将OECD国际投入产出表的45个行业按照行业特性归并成了16个大类行业（见附录A）。不同于供给端的行业分类，本书对行业的分类主要考虑行业最终需求特性，即该行业最终需求引致增加值的水平。这16个大类行业基本可以分成以下部分：一是物质消耗类，包括农业和食品类、纺织服装轻工类、重化工产品类、电子产品类、电气机械设备类、交通运输设备类；二是传统服务类，包括水电燃气类、批发零售类、交通运输类、住宿餐饮类；三是建筑房地产类；四是技能服务业类，包括信息技术服类、金融类、人力资本积累服务类、公共管理类和其他服务业，特别需要指出的是，人力资本积累服务参考了中国经济增长前沿课题组（2015），包括教育、医疗和文化等有助于提升人力资本的服务。

研究表明，2001年加入WTO前、加入WTO到全球金融危机前、全球金融危机后三个阶段，国内国际循环对经济增长表现出不同的拉动效应。因此，笔者重点考察了这三个阶段国内和国际不同需求类别对经济增长的拉动作用，甄别拉动国内大循环和国际循环扩张的主导需求产业类别。

1996~2018年，我国经济发展经历了国内循环牵引主导—国际循环主导—国内循环主导的"U"型变化，一些行业的国内需求也经历了"U"型变化，但有部分行业的增长贡献却不断下降，另一部分行业显著上升，愈发表现出后工业化国家的特性（见表2-3）。近二十多年来国内最终需求对经济增长拉动效应主要呈现四大特征：一是物质消耗类需求对经济增长的拉动效应明显减弱，国内农业食品类对经济增长的贡献率从11.11%下降至7.82%，重化工产品类从12.30%下降至10.81%，电气机械和交通运输设备类分别从3.44%和2.77%下降至2.19%和1.70%。电子产品类和纺织服装轻工类尽管经历了"U"型变化，但金融危机后对经济增长的贡献仍不及2001年前的水平。二是各类技能服务需求成为国内大循环拉动经济增长的主动力。人力资本积累服务类对经济增长的贡献从7.83%大幅提升至13.52%，金融类、信息技术服务类、公共管理类对经济增长的贡献也出现不同程度的提升。三是经济增长对建筑房地产类的依赖性显著强化，建筑房地产类对经济增长的贡献率从9.69%大幅提升至15.06%，而在应对全球金融危机的2009年，该比例更是高达28.16%。四是传统服务业的增长贡献迥异，批发零售类对增长的贡献率大幅提升，这与近年来电商经济、外卖经济等兴起、商贸物流行业的数字化程度不断深化有关，金融危机后国内批发零售对经济增长的贡献也高达8.64%，同时交通运输类、住宿餐饮类等传统服务业的增长贡献则出现了下滑。

表2-3　　　　　不同国内最终需求对中国经济增长的贡献率　　　　单位：%

最终需求类别	1996~2001 年	2002~2008 年	2009 年	2010~2018 年
农业和食品类	11.11	9.85	12.44	7.82
纺织服装轻工类	2.51	1.68	6.08	1.81
重化工产品类	12.30	11.22	15.99	10.81
电子产品类	1.27	0.48	4.45	0.87
电气机械设备类	3.44	3.41	8.04	2.19
交通运输设备类	2.77	1.89	3.72	1.70
水电燃气类	3.38	2.25	3.40	2.69
批发零售类	6.84	4.89	13.40	8.64
交通运输类	6.27	2.49	5.16	3.42
住宿餐饮类	2.32	1.88	1.83	1.61
信息技术服务类	2.27	2.02	2.39	2.99
建筑房地产类	9.69	10.82	28.16	15.06
金融类	3.47	4.08	12.77	8.07
人力资本积累服务类	7.83	6.89	13.78	13.52
公共管理类	4.29	4.43	4.98	5.03
其他服务类	1.61	1.33	2.11	1.78

资料来源：OECD 国际投入产出表，表2-4、表2-5、表2-6，图2-14。

　　由此可见，在全球金融危机后时代，我国国内大循环作用不断增强的过程中，内需的主导产业类别是以教育、医疗等为代表的人力资本积累服务和建筑房地产业，同时数字经济和平台经济的发展也逐渐将批发零售类和信息技术服务类塑造成内需扩张的重要产业。

　　从国际需求的角度，上面的分析表明2002~2008年和2010~2018年两个阶段国际循环对经济增长的贡献出现明显差异，不同行业国际最终需求也出现了结构性变化（见表2-4）。在国际大循环的增长拉动效应不断增长的2002~2008年，物质消耗类国际需求是带动经济增长的主导产业，重化工产品类、纺织服装类、电子产品类、电气机械设备类、批发零售对经济增长的年均贡献率均在2%以上。而在国内大循环增长作用强化的2010～2018年阶段，物质消耗类国际需求对经济增长的带动效应迅速回落，上述各类外向性程度较高的行业需求对经济增长的带动作用均出现较大程度的降幅。同时，数字贸易、服务贸易等国际需求对经济增长的带动作用仍较为明显，信息技术服务类的国际需求对经济增长的年均贡献率从0.59%变为0.50%，人力资本积累服务类从1.12%变为0.93%，与整体国际循环增长带动作用相比降幅较小。

表2－4　　　不同国际最终需求对中国经济增长的贡献率　　单位：%

最终需求类别	1996～2001年	2002～2008年	2009年	2010～2018年
农业和食品类	1.57	2.64	-3.40	0.84
纺织服装类	2.32	2.91	-2.21	0.32
重化工产品类	3.79	8.05	-13.83	2.62
电子产品类	2.50	2.68	-2.24	0.74
电气和机械设备类	1.85	2.57	-3.07	1.23
交通运输设备类	0.51	0.79	-1.20	0.18
批发零售类	2.25	3.23	-3.29	1.99
交通运输类	1.39	2.43	-4.01	0.70
水电燃气类	0.76	0.94	-1.36	0.38
住宿餐饮类	0.30	0.43	-0.48	0.09
信息技术服务类	0.35	0.59	-1.10	0.50
建筑房地产类	0.19	0.34	-0.91	0.28
金融类	0.43	1.37	-0.83	0.89
人力资本积累服务类	0.52	1.12	-0.98	0.93
公共管理类	-0.02	0.01	-0.01	0.02
其他服务类	0.10	0.20	0.13	0.04

051

二、后工业化国家内外循环拉动经济增长的对比分析

大国经济的特征是可以实现大国内部可循环。对于经济体量较小的经济体而言，无论所处任何发展阶段，国际市场都具有足够牵引其经济

增长的国际需求动力。根据世界银行现价美元数据，美国在20世纪60年代占世界经济比重一度高达30%～40%，之后不断下降但在2020年仍占24.7%，日本占世界经济比重在1994年一度高达17.9%，中国在2020年占世界经济比重也达到了17.4%，相比于庞大经济体量所需的经济增长规模，尤其是对于经济占比不断扩张的崛起大国而言，国际循环能够支撑的经济增长是十分有限的，长足的经济增长很大一部分只能依靠国内循环带动。中国即将进入后工业化阶段，后工业化经济大国如何依靠内外循环带动经济增长，成为中国构建新发展格局必须面对的课题。遗憾的是，这方面国际可借鉴的经验十分有限，就后工业化大国而言，只有美国、日本、英国、法国、德国等具有借鉴性，因为一些体量较小但发展阶段较高的经济体的长期增长仍然可以依靠国际循环带动。

美国、英国、法国、德国、日本等后工业化国家经济发展模式和经济结构已较为成熟和定型，考察这些经济体在1996～2018年的经济增长绩效发现，美国长期经济增长绩效好于其他主要发达国家，与其国内循环强大的牵引作用是分不开的（见图2-14）。1996～2018年，美国国内循环对经济增长的年均拉动2.29个百分点，国际循环拉动0.18个百分点，英国和法国国内循环年均拉动增长1.71个和1.21个百分点，国际循

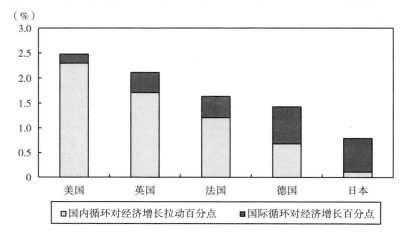

图2-14 1996～2018年主要后工业化大国内外循环对经济增长年均拉动占比

环拉动 0.40 个和 0.43 个百分点,德国和日本更多依靠国际循环,经济增长稳定性较差,德国依靠国内和国际循环拉动经济增长分别为 0.68 个和 0.75 个百分点,日本则分别为 0.11 个和 0.68 个百分点。初步的结论是,与其他发达经济体相比,美国长期稳定和较高的经济增长,主要依靠国内循环拉动,而且其国内拉动经济增长水平甚至高于其他经济体国内和国际循环拉动的总和。

分阶段来看,金融危机前和金融危机后各国内外循环对经济增长的拉动效应出现了一定的变化(见表 2-5)。美国表现为国内循环拉动效应减弱,从危机前的 2.77 个百分点下降至危机后的 1.97 个百分点。英国、法国也表现出相同的特征,在国际循环牵引作用并未较大减弱的情况下,国内循环对经济增长的拉动百分比均出现了大幅下降。而德国和日本这些国际循环牵引较强的国家则出现了反向变化,德国国内循环拉动经济增长从危机前的 0.48 个百分点提高至危机后的 1.06 个百分点,日本则从 -0.13 个百分点提高至 0.66 个百分点,同时这两个国家国际循环对增长的拉动效应均出现了下降。

表 2-5　　主要后工业大国金融危机前后内外循环对经济拉动占比　　　单位:%

国家	金融危机前 (1996~2008 年)		金融危机后 (2010~2018 年)	
	国内循环拉动	国际循环拉动	国内循环拉动	国际循环拉动
美国	2.77	0.26	1.97	0.27
英国	2.20	0.42	1.50	0.57
法国	1.57	0.59	0.84	0.54
德国	0.48	1.05	1.06	1.01
日本	-0.13	1.01	0.66	0.73

从上述样本的时间范围来看,后工业化国家中更多依靠国内循环的国家比更多依靠国际循环的国家具有更好的中长期经济增长表现。但在后危机时代,国内循环对经济增长的拉动作用也在不断下降,外向型国家在国际循环牵引效力减弱的情况下也开始更多依靠国内循环,由此这些经济体都出现了一种国内循环和国际循环对经济增长拉动效应趋同的

收敛效应。

在后工业化大国中，美国由于拥有较强的国内循环拉动经济增长的效应，因而在后工业化时代经济增长表现要好于其他发达经济体。笔者进一步通过对45个行业进行归并分类，分析16大类国内需求对各国经济增长的拉动水平（见表2-6）。由于行业划分较细、行业带动作用较小的原因，故采用经济增长千分点的形式展示。

表2-6 　　1996~2018年主要国家国内循环年均拉动经济增长占比 　　单位：%

最终需求类别	美国	英国	法国	德国	日本
农业和食品类	0.46	0.18	0.18	0.14	-0.52
纺织服装类	-0.01	0.06	-0.11	-0.04	-0.54
重化工产品类	0.59	-0.20	0.00	-0.11	-0.05
电子产品类	0.29	0.13	-0.08	-0.07	-0.17
电气和机械设备类	0.21	0.20	0.06	0.15	0.10
交通运输设备类	0.22	0.09	0.01	0.05	-0.17
批发零售类	2.13	2.07	0.68	0.37	-1.46
交通运输类	0.61	0.68	0.40	0.12	0.25
水电燃气类	0.35	0.67	0.25	0.20	-0.26
住宿餐饮类	0.74	0.60	0.42	0.21	-0.47
信息技术服务类	1.67	1.14	0.80	0.82	0.75
建筑房地产类	4.25	2.66	2.97	1.58	0.63
金融类	2.58	1.19	0.50	-0.20	-0.63
人力资本积累服务类	6.41	6.04	4.56	2.83	3.58
公共管理类	2.05	1.00	1.20	0.61	0.14
其他服务类	0.40	0.61	0.23	0.14	-0.06

美国几乎所有行业国内循环对增长的带动作用均强于其他发达经济体，但真正能拉开增长差距的还是人力资本积累服务类、建筑房地产类和金融类。在农业食品类、重化工产品类、电子产品类、电气机械设备类、交通运输设备类等物质消耗部门，美国国内循环对经济增长的拉动都要明显高于英国、法国、德国和日本，但国家之间的差距并不十分明显。这主要是由于后工业化时代，物质消耗型需求比重大幅下降。同时，

这些国家国内循环拉动经济增长最明显的类别都是人力资本积累服务类，美国年均拉动 6.41 个千分点，英国、法国、德国、日本也分别拉动 6.04 个、4.56 个、2.83 个和 3.58 个千分点，美国与德国在这个行业的差距也高达 3.58 个千分点，成为从需求端考量美国经济增长绩效明显优于德国的主要因素。此外，美国建筑房地产类、金融类和信息技术服务类的国内循环也明显强于其他发达经济体，英国、法国在这些行业的国内循环拉动经济增长的效应也要强于德国和日本。

第四节　地方参与国内国际循环水平测度研究

构建以国内大循环为主体、国内国际双循环相互促进的新发展格局，是我国经济社会发展的重大战略安排。而构建新发展格局，地方是实实在在的实施主体。但地方如何参与构建新发展格局却面临"实践鸿沟"：国内国际循环是全国宏观层面的概念，地方作为局部如何参与助力双循环？地方又如何能利用自身的比较优势，更加积极主动地参与到新发展格局的构建中？事实上，如果不能科学地把握各地参与新发展格局的定位和作用，构建新发展格局将面临宏观到微观的实践障碍。

而把握地方参与国内国际循环的定位和作用时，各地参与国内国际循环的现状分析就变得尤为重要。一般而言，从增加值分解的角度，地方参与国内国际循环可以分为三个层次：一是参与国际循环创造的增加值；二是参与超出本地范畴的国内大循环创造的增加值；三是本地经济循环创造的增加值，这是按照空间概念归纳的循环三个层次。我们要防止地方搞小循环，事实上就是要构建全国大市场、全国性供需体系，而不是各地打造自我循环的独立体系。因而，也就是应该鼓励地方的增加值更多通过对外开放参与国际大循环、对内开放参与国内大循环进行创造。但目前对于从区域地方层面进行增加值分解的文献缺失，导致无法科学地评判各地参与国内国际双循环的程度和特征。

鉴于此，本书利用投入产出分析，通过31省份42部门区域投入产出表，以增加值分解的方法客观地分析31省份参与国内国际循环的程度，筛选地方参与双循环的主要模式和重点产业，为构建新发展格局在地方落地实践提供理论参考。

一、地方参与国内国际循环程度的测算

（一）研究方法及数据来源

利用2017年涵盖31省份和42个社会经济部门的中国多区域投入产出表，对地方参与国内国际循环进行增加值分解（见图2－15）。具体而言，投入产出关系中，总投入形成了中间品产出和最终需求，最终需求因而与总投入存在矩阵数量关系，总投入乘以各行业的增加值率就能得到增加值，因此最终需求与增加值存在矩阵数量关系。

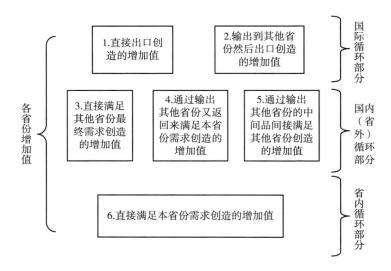

图2－15　各省份投入产出分析方法

可以表示为 $V = v \times Y = v \times C \times (I - B)^{-1}$，其中 V 是增加值，也就是

GDP，小 *v* 是增加值率，***B*** 是直接消耗矩阵，***Y*** 是总产出，***C*** 是最终需求。

利用国际投入产出表，增加值可以进一步分解为：

$$V_1 + V_2 + V_3 + V_4 + V_5 + V_6 = v \times (C_1 + C_2 + C_3 + C_4 + C_5 + C_6) \times (I - B)^{-1}$$

通过区域间投入产出表，省份的增加值可以分解为六部分：第一，直接出口创造的增加值；第二，输出到其他省份然后出口创造的增加值；第三，直接满足其他省份最终需求创造的增加值；第四，通过输出其他省份又返回来满足本省份需求创造的增加值；第五，通过输出其他省份的中间品间接满足其他省份创造的增加值；第六，直接满足本省份需求创造的增加值。第一、第二部分是国际循环，第三、第四、第五部分是国内（省外）的循环，第六部分是省份内部循环。所有行业的增加值都可以分解为上述六部分。

本书的数据来源是 CEADs 提供的 2017 年涵盖 31 省份和 42 个社会经济部门的中国多区域投入产出表。[①]

（二）31 省份增加值分解情况

参与构建新发展格局最基本的是要了解地方参与国际和国内循环的现状。本书利用最新的 2017 年 31 省份 42 部门的地区间投入产出表，将各省份 GDP 分解成了参与国际循环、参与国内（省外）循环、参与省内循环三部分，可以直观地了解各地参与国内国际循环的多少。省内循环是指增加值创造的生产、流通和消费仅在本省内进行，而国内（省外）循环和国际循环是指增加值创造的某个环节参与了国内其他省份和国际的循环。

31 省份平均国际循环比例 11.5%、国内（省外）循环比例 33.4%、省内循环比例 55.1%，且表现出明显的省份差异（见图 2 - 16）。从整体

---

① Zheng et al. Regional determinants of China's consumption-based emissions in the economic transition. *Environmental Research Letters*, 2000, 15 (7).

来看，各省份经济循环的重心主要是本地省内循环，国内循环比例次高，国际循环的比例最低。参与国际循环比例较高的是广东、浙江、上海、江苏等东部沿海省份，国际循环比例普遍在20%以上，广东达到30%。参与国内（省外）循环较高的是吉林、黑龙江、海南、陕西、重庆、内蒙古，这些省份主要是粮食、原材料和能源基地，国内循环比例普遍在45%以上。参与省内循环较高的是青海、湖北、云南、四川、西藏，这些中西部省份经济开放程度较低，国内经济的参与度也较低，湖北则是由于自身的制造业产业体系较为完备，省内循环比例均在70%以上。

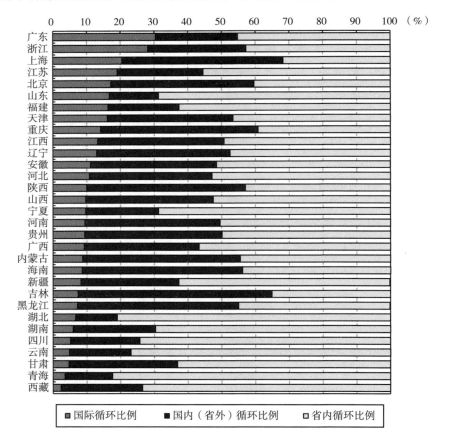

图2-16 2017年31省份GDP中参与国际、国内、省内循环的比例

注：按照国际循环比例从高到低排列。

资料来源：31省份区域投入产出表，图2-17、图2-18、表2-8、表2-9，下同。

按循环强弱划分，长三角区域国内国际循环均较强，西南、华南、华中地区国内国际循环互促乏力（见表2－7）。按照国际循环和国内循环的强弱对31省份进行区间划分，可以发现各地呈现明显的循环地域特征。苏浙沪地区国内国际循环均较强，京津冀地区国际循环不及苏浙沪，但国内循环也较强，这些是国内国际循环互促最典型的区域。华南、华中、西南地区省内循环普遍较强、区域联系性最差，除了广东国际循环比例较高之外，广西、湖南、湖北、云南、四川、贵州均表现为国际循环弱、国内循环也弱，广东的外向型经济对国内相邻省份的辐射带动作用明显偏弱，表现为国际国内循环互促乏力的状态。北方地区表现为国际弱、国内循环强，山西、陕西、黑龙江、吉林、新疆等北方省份资源型产业、基础重工业比例较高，主要通过输出资源和基础工业品参与国内循环，但参与国际循环的程度则明显不及南方。

表2－7　　　　　　　　各省份参与国内国际循环强度分类

059

国内循环强度	国际循环强度		
	强	中	弱
强	上海	重庆	海南、黑龙江、吉林、内蒙古、陕西
中	浙江	北京、天津	安徽、江西、辽宁、河北、甘肃、广西、贵州、河南、山西、新疆
弱	广东、江苏	福建、山东	湖北、湖南、宁夏、青海、四川、西藏、云南

从区域层面来看，参与国内国际双循环是地方经济增长的重要引擎。将31省份的人均GDP与参与国内（省外）和国际循环比例做个散点图，发现两者呈现明显的正相关关系，即参与国内（省外）和国际循环比例的程度越高，人均GDP也越高（见图2－17）。事实上，参与国际大循环使地方的产业更深入地融入全球价值链，更容易接触到全球最前沿的技术和最发达的市场，经济发展的活力也更强，而参与国内大循环也可以使地方的产业具有区域甚至全国的辐射性。而对于内陆省份而言，山川隔阻，开放优势并不明显，因而省份内部循环就成为主要特

征，但这种省内循环的经济活力明显不如参与国内和国际大循环。由此可知，打破地方小循环、促进国内国际双循环是推动经济高质量发展的必然要求。

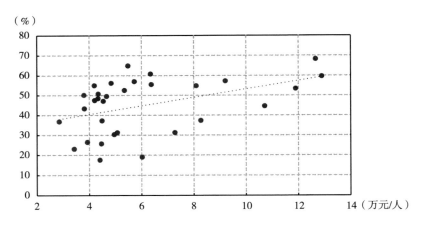

图 2 - 17　31 省份人均 GDP 与国际国内（省外）循环比例关系

二、各地参与国内国际循环的典型模式和主导产业

在初步分析地方国内国际循环比例之后，进一步归纳研究地方参与经济循环的四类典型模式，精准定位参与经济循环的主导产业，从而分析各省份对服务和参与新发展格局可以发挥的作用和重点方向。

模式1：苏浙沪、北京——国内国际循环互促的重要枢纽。苏浙沪整体的国际循环比例高达23.4%，京津冀的国际循环比例也达到17.3%，均远高于全国平均水平。同时苏浙沪区域内循环比例和参与国内循环的比例也较高，是国内国际循环相互促进最明显的区域。江苏、浙江、上海的制造业和批发零售、交通运输等制造业相关服务业参与国内国际循环能力均较强，此外，上海的金融业参与国际循环比例为23%，参与国内循环比例则高达53%。北京的服务业的比重已达到80%，因此主要以城市现代服务业参与国内国际循环，北京的科学研究和技术服务业参与国际循环比例为 17%，国内循环比例则高达 54%。相反，天津和河北则主要通过基础工业参与国内循环，表现出北方资源和工业省份的特征。

模式 2：广东——参与国际循环的支柱和国内循环的潜力源。广东表现为国际循环和省内循环相互促进，但参与区域循环和全国循环明显不足。广东对周边地区的经济辐射作用不强，导致广东对周边省份形成了发展极差，对周边省份形成了人口虹吸效应。最新公布的第七次人口普查显示，2020 年广东人口较 2010 年增幅达 20.79%，远高于周边省份。在粤港澳大湾区战略下，广东兼具了向港澳开放、向内地辐射的国际国内双循环的重任，是未来国内循环的重要潜力源。

模式 3：资源和工业省份——提供国内循环的物质基础。大部分北方省份如山西、陕西、河北、东北三省主要通过提供资源能源、基础工业产品和食品参与国内和区域循环，是国内大循环的重要物质提供基地。从投入产出表可以清晰地看出，河北的金属冶炼和压延加工、山西和陕西的煤炭采选业、河南的农林牧渔业、吉林和黑龙江的食品烟草业等都是参与国内循环的重点产业。但也正因为如此，这些北方省份的产业链长期处于上游，较易受到供需周期矛盾影响且产业结构较为单一。对国内大循环而言，这些省份的物质支撑必不可少，但又缺乏循环螺旋上升的动力。这些省份的重点应是提升参与国内大循环的层次。

模式 4：省内循环地区——从省内循环向区域循环升级。除了广东以外的多数华南、华中、西南省份，人口众多、地域广阔且山岭分割，国内循环弱，国际循环也弱，地方保护主义也较强，表现为以省会为中心的省内自循环模式，湖北、湖南、江西、四川等无不表现为强省会弱地市、弱省际联系。要通过城市群、都市圈促进华南、华中、西南省份之间的循环联系，首先促进形成区域大市场，进而形成全国大市场。

进一步从行业的循环特性来看，不同的产业也表现出不同的循环特征。轻工业、机械电子工业是国际循环的主力，批发零售和交通仓储作为流通环节，国内国际循环均较强（见图 2 - 18）。能源和重工业、批发零售业是国内循环的主力，这就解释了北方资源和工业型省份国内循环强的现象，同时农林牧渔的国内循环比例也较高，海南的较高国内循环比例主要是由向省外输出大量农产品提升的。此外，金融、科学研究和商业服务业的国内循环也较强，表现为工业化后期城市现代服务业对于国内大循环的重要支撑作用，是北京、上海等一线城市参与国内循环的主导产业。房地产、教育医疗等服务业是省内循环的主力。不可否认的是，近年来各省份的三四线城市房地产绑架经济的趋势日益增强，但建筑业、房地产业省内自循环的特性较强，发展房地产经济固然可以短期内提振地方经济，但却可能陷入地方"小循环"的陷阱。此外，教育、医疗、文化和公共服务业由于其属地生产和消费的产业特性，主要是省内循环，但随着数字经济的迅猛发展，在线教育等新模式新业态改变了服务业属地化的特性，将有可能提升服务业国内循环的水平。

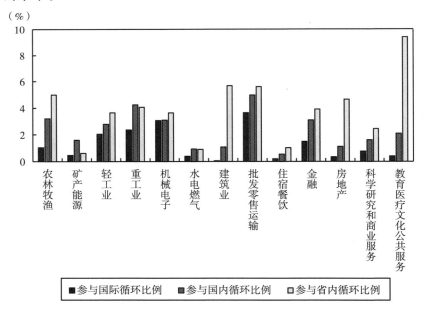

图 2 - 18　GDP 中各行业参与各类循环的比例

注：所有行业三类比例相加等于 100%。

三、重点省市和区域国内国际循环的比较分析

由以上分析可知，无论是中国经济的重心还是参与国内国际循环的重点，东部发达省市都是关键区域，因此将北京、上海、浙江、江苏、广东等东部发达省市进行对比，分析不同地区参与国际、国内循环的水平。

从国际循环来看，参与国际循环程度最高的是广东，其次是浙江、上海和江苏，北京的程度最低。参与国际循环高低程度与经济结构有直接的关系，上海是重要的国际航运中心和国际金融中心，批发零售业和金融业是参与国际循环的绝对主导产业，此外，化工和交通运输设备也是上海参与国内国际循环的重点行业。江苏和广东较为类似，参与国际循环的主导产业是电力设备制造和电气机械制造，江苏的化工也是参与国际循环的重点产业。浙江在参与国内和国际循环过程中表现为制造业门类的均衡，各类制造业均一定程度参与国际循环，并不存在绝对主导产业。而北京主要依靠服务业参与国际循环，批发零售、交通运输、信息技术、金融业、商务服务都是重点行业。在疫情的冲击之下，批发零售和交通运输等传统服务业的国际循环限制增加，北京服务业参与国际循环的压力较为明显。

参与国内循环比例最高的是上海，其次是北京，表现出明显的辐射国内大循环的特征，而广东、江苏、浙江的国内循环比例相对较低，省内循环比例较高。北京以城市现代服务业参与国内国际循环，北京的金融业、信息技术服务业、技术服务业都是参与国内循环的重点行业，与上海相比北京的服务业优势在于知识和技术密集型服务业（见表 2-8）。在制造业层面，北京主要是通过交通运输设备制造参与国内循环，且占比并不高。上海的金融业、批发零售、商务服务等都是参与国内大循环的重点产业。而浙江、江苏、广东参与国内循环则主要依靠各类制造业，

浙江的信息技术服务和商务服务业较多地参与国内循环。在省市内循环层面，这些地区的主要产业类型较为相似，都是房地产、教育、医疗、公共服务等本地化属性较强的产业。

表2-8　　　　　　北京与其他省市参与双循环形势对比

地区	参与国际循环的主要产业	参与国内循环的主要产业	参与省内循环的主要产业
北京	批发零售、交通运输、信息技术、金融业、商务服务	金融、技术服务、信息技术、批发零售、交通运输设备制造	建筑业、房地产、教育、医疗、公共服务
上海	批发零售、金融、化工、电子设备制造、交通运输设备制造	金融、批发零售、商务服务、化工、交通运输设备制造、食品制造	
江苏	电子设备制造、化工、批发零售、各类制造业	批发零售、化工、各类制造业	
浙江	批发零售、各类制造业	批发零售、信息技术服务、商务服务、各类制造业	
广东	电子设备制造、电气机械制造、批发零售、各类制造	批发零售、房地产	

　　严格意义而言，区域循环也是国内大循环的一部分，区域经济联系有两类：第一类是输出效应，即中心城市为周边省市提供产品和服务；第二类是输入效应，即周边省市向中心城市提供产品和服务。同样是利用2017年的区域间投入产出表对京津冀、苏浙沪地区的增加值进行分解，分析京津冀、苏浙沪区域循环特征的差异（见表2-9）。我们采用北京满足天津、河北最终需求的增加值占北京GDP的比例来衡量输出效应，而用天津、河北满足北京最终需求的增加值占北京GDP的比例来衡量输入效应，严格意义上讲，应该以天津、河北的相应增加值比上自身的GDP，但都采用北京GDP作为分母使两个指标可比较。上海、江苏、浙江采用这一指标衡量。通过分析发现，北京的输出效应显著弱于上海，北京输出到天津、河北的增加值占自身GDP的比例仅为2.54%，而上海高达7.56%。但北京的输入效应高于上海，北京对于周边省份更多表现为汲取型辐射，而上海对周边省份表现为输送型辐射。总体而言，北京对于

天津、河北的辐射作用占 GDP 的比例为 8.03%，上海为 12.22%，上海的辐射作用明显强于北京。

表 2 - 9　　　　　　　　京津冀与苏浙沪辐射功能对比　　　　　　单位：%

区域	经济联系		合计
京津冀	北京满足天津、河北最终需求的增加值占北京 GDP 的比例	2.54	8.03
	天津、河北满足北京最终需求的增加值占北京 GDP 的比例	5.49	
苏浙沪	上海满足江苏、浙江最终需求的增加值占上海 GDP 的比例	7.56	12.22
	江苏、浙江满足上海最终需求的增加值占上海 GDP 的比例	4.66	

从具体行业来看，在输出效应方面，金融业都是北京和上海对外辐射的重点产业，上海的辐射作用明显更强，北京、上海金融业占 GDP 比重分别为 15.2% 和 16.2%，但北京对津冀输出的金融业增加值只占到 GDP 的 0.62%，而上海对江浙输出的金融业增加值占比则高达 1.88%。此外，上海在化工、金属冶炼、通用设备、专用设备、批发零售、信息技术等行业与江浙有产业联系。而北京仅在批发零售、信息技术等产业对津冀输出。在技术服务方面，尽管北京技术服务的产业占比高于上海，但对周边省份的输出辐射也远不及上海。在输入效应方面，北京在农林牧渔、轻工业、重工业、各类服务业领域都需要周边省份输入，尤其是需要河北的输入，相比而言江苏和浙江对上海的输入效应较弱。

第三章

国际大循环的演进规律

近年来贸易保护主义抬头，国际经贸摩擦不断加剧，加上新冠肺炎疫情的全球肆虐造成世界经济陷入前所未有的衰退和危机，外部市场环境对我国发展的不利因素显著增加，因此原先技术和市场"两头在外"的国际大循环路径已经难以持续。重新审视国民经济内循环和外循环的关系，更加重视国民经济中内循环的作用，提升经济循环的内在稳定性和可靠性，有利于更好地应对外部风险挑战，也能更好地提升参与国家大循环的竞争力。

但是对于国内循环和国际大循环却仍然有许多值得深入研究的问题。就国际大循环而言，就有三大问题值得深入探讨。首先是国际大循环到底指的是什么？换而言之，如何衡量国际大循环？一般而言，在马克思主义政治经济学的术语中，国民经济循环是指再生产过程的生产、分配、流通、消费四大环节，并不单独谈论国际循环的内容，更没有涉及国内国际循环关系。其次是各国都是如何参与国际大循环的，或者国际大循环有哪些模式？由于美欧日等发达经济体，中国、印度等发展中经济体，巴西、澳大利亚等资源型经济体在国际大循环中扮演的角色不同，各国参与国际大循环的方式也不尽相同，从国际大循环中获益的模式也各具特色。而更重要的问题是，后疫情时代国际大循环会呈现出怎样的变化特点？疫情带来了全球供应链、产业链、价值链、技术链的中断阻隔，全球区域化、碎片化加剧，但还有哪些更突出的问题会影响国际大循环的走向呢？事实上，这三个与国际大循环有关的重要问题，都与双循环有关，讲清楚了国际大循环是什么、做什么、未来怎么样的三个问题，也就可以更清楚地回答双循环新发展格局如何构建的问题了。

本书试图从各种指标和数据的角度，将国际大循环进一步分解为贸易价值链循环、产业和投资循环、金融资金循环与科技文化循环四个层面，深入分析各国参与国际大循环的模式，展望后疫情时代国际大循环的特点趋势，并进一步提出构建双循环新发展格局的政策建议。

第一节　如何衡量国际大循环

最直接需要回答的就是国际大循环的定性问题，国际大循环是指什么？国际大循环用什么指标可以来衡量？王建（1988）最早提出中国要走国际大循环的战略路径。他的国际大循环是指"利用劳动力资源丰富的优势，大力发展劳动密集型产品出口，换取外汇收入支援国内基础工业和基础设施，推动资金密集型产业发展"。国际大循环最直接的解释就是对外贸易发展。国际贸易的进口和出口，也被理解为国际大循环的"来"和"往"两个层面，王建当时所指的国际大循环即以劳动密集型产品出口来换取高技术工业机器的进口。但是，20 世纪 80 年代以来，全球生产链出现了垂直化分工的深刻变革，资本和其他生产要素在全球范围内的流动，中间品贸易的飞速增长，使国际大循环的链条不断拉长，参与循环的内容愈加多样，同时也带来以贸易总值为基础的官方贸易统计存在严重不足，基于增加值为基础的新贸易统计方法则更有意义。在此，本书对国际大循环的内涵与衡量进行重新思考与总结。

一、从外贸依存度来看国际大循环

从全球来看，20世纪90年代以来的全球化浪潮推动了国际贸易和投资的快速发展（见图3－1）。以全球的出口总额比上全球的 GDP 来衡量全球的外贸依存度，1970～1990年，该比值基本在19%左右。1991年苏联解体、东欧剧变，加速了全球经济的融合发展，全球外贸依存度从1991年的19.2%快速提升至2008年的30.7%。2007年全球金融危机以后，全球贸易发展进入一个平台期，外贸依存度基本保持在30%左右的水平。由于全球贸易发展的增量减少，全球贸易存量之间的竞争和倾轧加剧。从 FDI 投资来看，从20世纪90年代开始，跨国公司的全球化布局加速，FDI 呈指数型增长，但是在2007年以后，FDI 年均的流量却呈现波动下降的态势。国际贸易和投资进入平台衰退期，构成了当前国际大循环的基本背景。

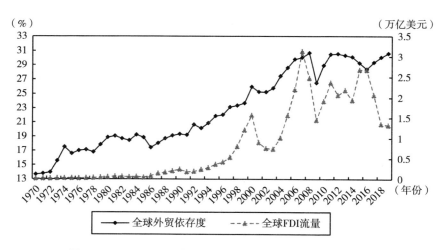

图3－1 1970～2019年的全球外贸依存度和全球 FDI 流量

资料来源：WDI 数据。

各国外贸依存度差异性较大。从官方和学术的讨论中，外贸依存度被频繁用于谈论国际经济参与程度。在计算外贸依存度的时候，一般用货物贸易进出口总额比上 GDP，没有计算服务贸易的总量是货物贸易外贸依存度的弊端之一。笔者利用 IMF 整理的各国国际收支平衡表（BOP）计算了主要经济体的货物和服务贸易外贸依存度（见图 3 - 2）。可以看到，1990～2019 年，中国外贸依存度变化较大，在 1998 年应对亚洲金融危机期间，外贸依存度一度降至 23.2%；随着 2001 年中国加入 WTO，外贸依存度快速攀升至 2006 年的峰值 64.5%；近年来受逆全球化的影响又下降至 35.7%，特别需要指出的是，由于加入了服务贸易，这个数字有别于一般谈论的 30% 的货物贸易依存度。从国际比较来看，美国和日本的外贸依存度相对较低，在 2019 年分别为 26.4% 和 35.5%，而英国、法国、德国等国家依存度则相当高，2019 年平均为 73.1%，而且英国、法国、德国、日本等国家在 2007 年以后并未出现类似中国那样的外贸依存度快速下降，相反不断稳定上升。

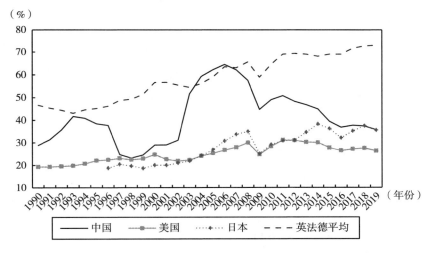

图 3 - 2　1990～2019 年主要经济体的商品和服务贸易外贸依存度
资料来源：IMF。

但用外贸依存度和净出口占比来理解国际大循环存在很大的弊端。同样被拿来理解国际大循环的还有三大需求中的净出口占 GDP 的比重。但外贸依存度和净出口占比存在明显的问题，首先是定义问题，进出口总额是总量指标、GDP 是增加值概念，两者不具备直接可比性，净出口中忽略了出口和进口的规模影响，进口 100 出口 100、进口 1000 出口 1000 的净出口是一样的，显然不合理。其次外贸依存度不能很好地衡量参与国际大循环的地域特性，英国、法国、德国的外贸依存度偏高很显然是因为参与欧盟的区域循环所致，而中国、美国、日本等国不具备联盟区域循环的条件。最重要的是，外贸依存度和净出口占比不能衡量国际产业、国际金融循环，近年来跨国投资和国际资金流动已成为国际大循环的重要组成部分。

从外贸依存度而言，西欧明显高于中国，中国明显高于美国和日本，那么西欧和中国参与国家大循环比美国和日本更深入、经济更开放吗？显然这个结论是站不住脚的。另外，从增加值而言，从国内国际增加值比例的角度而言中国、美国、欧洲、日本都是"以国内大循环为主体、国内国际双循环共存"的格局，是否意味着中国减少国际比例、增加国内比例的空间已经很小了呢？显然这个结论也是站不住脚的。

以上两个疑问的产生根本在于片面地通过国际贸易和增加值来理解国际大循环，进出口、全球产业链的价值创造固然是国际大循环的重要部分，但不是全部。拿中国、美国循环举例，中国、美国之间的贸易进出口形成了中国对美贸易盈余，但中国积累的外汇又购买了美国的国债证券，造成中国商品出口和美元回流的国际循环。因此，吸引外资和对外投资、国际金融投资也都是国际大循环不可或缺的一部分。

二、国际大循环相互联系的四个维度

国际大循环应该是指经济体通过各种国际经济联系构建起的互利共生循环机制，包括国际贸易和价值循环、投资和收入循环、金融资金循环、科技和文化循环四类循环，这四类循环相互联系包含也相互作用。

一是国际贸易和价值循环。这是国际大循环的起点，有了国际贸易才有了国际资源在全球的更高效率配置和价值资金在各国的流动。但只有国际贸易不足以维系国际大循环，因为不断积累的国家之间的贸易赤字会造成严重的国际货币不平衡，如果没有各国货币回流机制，就会产生货币冲突和危机中止贸易循环，所以国际贸易大循环需要产业投资和金融资金循环做补充。

二是投资和收入循环。出口盈余后获得了充足的外汇，在国内成本较高的情况下企业会将产业投资在海外区域布局，同时获得稳定的海外收入，"海外投资的资金输出和海外收入的资金输入"也是一种国际循环，但常常被人们所忽视。

三是金融资金循环。大量出口的同时是国外资金的输入，任何一种国际循环的价值形态必然伴随着资金形态；同时在非价值创造领域，国际资金也通过各种金融渠道在各国之间循环。金融资金循环正是填补贸易顺逆差、投资顺逆差困境的主要过程。

四是科技和文化循环。在国际贸易、投资、资金流动的同时，也伴随着科学技术和文化的传播，带来的是知识互促、文化共融创新的局面。但这也是最难以用数据衡量的循环。

第二节　各国参与国际大循环的方式

事实上，不同于中国主要以国际贸易的方式参与国际大循环，美国主要通过国际金融交易、德国和日本主要通过国际区域产业投资参与国际大循环，主要经济体都通过自己独特的方式从国际大循环获取自身的利益，形成了相互依赖、相互联系的利益共生体。下面，笔者通过对国际收支平衡表的科目进行归纳分类（见表 3 - 1），利用 IMF 提供的各国 1990～2019 年的国际收支平衡表数据分析美国、日本、英国、法国、德国、韩国参与国际大循环的模式特征，并与中国的模式进行对比，其中日本仅提供了 1996～2019 年的数据。国际收支平衡表分为经常账户、资本和金融账户、储备变动三大类，进一步将国际收支平衡表的科目划分为货物和服务进出口、海外收入（初次收入和二次收入）、直接投资、金融投资四类，四类科目之间存在以下关系：货物和服务出口为直接投资和金融投资提供外汇收入支撑，直接投资和金融投资又能提升进出口竞争力，同时带来海外收入。通过将货物和服务贸易净出口、海外收入净额、直接投资净额、金融投资净额比上各国 GDP，分析各国如何通过各类循环参与国际经济大循环。

表 3 - 1　　　　　　　将国际收支平衡表进行科目分类

国际收支平衡表科目	对应的分析指标	对应的循环
1. 经常账户		
1.1 货物和服务	货物和服务贸易净出口	国际贸易循环
1.2 初次收入	海外收入净额	国际投资和收入循环
1.3 二次收入		
2. 资本和金融账户		
2.1 资本账户		
2.2 金融账户		
2.2.1 非储备性质的金融账户		
2.2.1.1 直接投资	直接投资净额	国际投资和收入循环
2.2.1.2 证券投资	金融投资净额	国际金融循环
2.2.1.3 金融衍生工具		
2.2.1.4 其他投资		

资料来源：国际收支平衡表。

一、美国和英国依靠吸引金融投资维系高额贸易赤字

面临日本、德国、中国等后发工业化国家的国际竞争，以及国内日益增强的成本，美国和英国从 20 世纪七八十年代开始过快地"去工业化"，这导致服务业占比快速上升，制造类产业逐渐失去了国际竞争力。这使美国和英国的工业产成品出口乏力，同时又必须从中国等制造业大国大量进口产品，导致了高额的贸易赤字。但美国和英国却依靠强大的

金融向心力，吸引国际金融投资，以国际金融投资的资金流入填补贸易赤字带来的资金流出，维持国际收支平衡（见图3－3）。美国的贸易赤字在2006年达到5.5%的峰值，近年来也维持在2.7%的水平，同时金融投资的顺差在2007年前后也达到5.5%的峰值，近年来已经下降至1%的水平。依靠繁荣的资本市场吸引全球资本回流美国，是美国参与国际大循环的基本逻辑。在这方面英国则比较逊色，全球金融危机以后受欧债危机和英国脱欧等不利因素的影响，英国的金融向心力大幅削弱，金融投资顺差不断下降，为此英国不得不依靠房地产市场吸引国外投资以弥补贸易赤字，近年来英国房地产业增加值占GDP比重达13%以上。

073

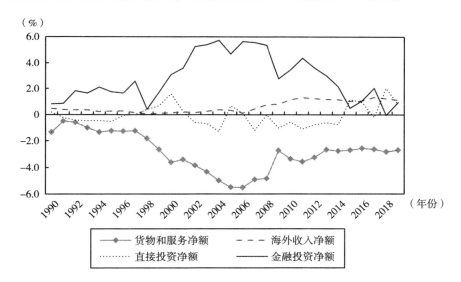

图3－3　美国贸易赤字和金融投资的"剪刀差"

注：资金流入本国为正，资金流出本国为负，下同。

资料来源：IMF，图3－4、图3－5、图3－6，下同。

美国和英国的"金融立国"参与国际大循环模式已难以持续。在全球金融危机以后美国对全球资本的吸引力大不如前，新冠肺炎疫情在美国的肆虐进一步增强了美国金融离心力。美联储不得不以无限量化宽松的模式支撑美国股市虚假繁荣，从而继续勉强维持美国对国际资本的吸引力。2020年3月，美联储为了稳住市场情绪、防止流动性枯竭和大型金融机构破产进而引发系统性金融危机，在三大股指出现暴跌之后迅速出手干预，推出了"零利率＋无限量QE"的政策组合。但从数据上来看，美国的金融投资顺差已经不断缩小，中国、欧盟、俄罗斯、日本等主要经济体都在寻求替代美元和美国投资的渠道，美国参与国际大循环的模式日渐式微。这种模式的"难以为继"更进一步加剧了中国和美国之间的冲突，美国只能依靠挑起贸易摩擦来削减贸易赤字。

二、日本和德国构筑起海外投资和收入网络体系

总体而言，日本和德国的模式就是净出口换取的外汇不断投资海外产业、金融市场，换取稳定的海外收入（见图3－4）。1990年全球化浪潮席卷以来，日本和德国作为工业化国家均保持了较强的出口竞争力，但是在2007年全球金融危机以后，日本的出口竞争力开始趋势性下降，日本和德国参与国际大循环的模式开始定型。随着日本出口竞争力的下降，日本每年向海外投资的数量和规模不断增加，2019年日本对外直接投资净额占GDP的比重达到了4.2%，同时日本海外收入占GDP的比重也在每年稳定增长，2019年海外收入占GDP之比已经达到3.8%。德国则倾向于将金融投资的方式将外汇收入投资到国外，主要目的地国是东

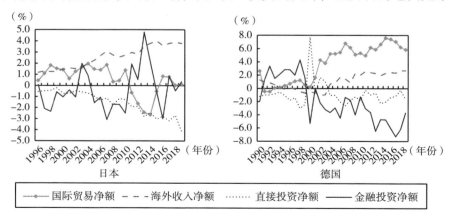

图3－4　日本和德国海外收入和对外投资的"剪刀差"

欧、美国。德国因而通过庞大的金融投资构筑起以德国为中心的欧洲区域经济循环体系。德国净出口占 GDP 比重一度达到 7.6% 的峰值，金融投资占 GDP 比重一度达到 7.3%。采取类似模式的还有法国，法国也通过对外金融投资获得稳定的海外收入。

德国、法国、日本等工业化通过外汇对外投资，实际上与美国的金融循环暗暗契合，两者构成了利益共生的群体。IMF 的数据显示，2019 年法国、德国投资到美国的证券投资存量占全部法国、德国对外证券投资的 17.5%、15.3%，而德国投资到中国的占比仅为 0.4%，日本投资到美国的证券投资存量占比更是高达 41.7%，日本投资到中国也仅为 0.5%。而东欧和亚洲是法国和德国对外直接投资的主要区域，东亚、东南亚是日本对外直接投资的主要区域，各国都在试图建立以本国为中心的区域经济循环体系。但无论如何，美国、西欧国家、日本之间的金融循环利益联系十分巩固，短期内中国很难介入并发挥重要作用。

三、中国与韩国依靠贸易和直接投资参与循环

中国和韩国属于后发国家，正如王建（1988）所说，20 世纪 90 年代以来中国依靠低廉的成本大力发展劳动密集型出口产业，国际贸易净额占 GDP 之比在 2007 年一度达到 8.7% 的峰值，同时中国也吸引了大量的国际直接投资，直接投资净额与 GDP 之比在 1993～2007 年基本高达 4%～5% 的稳定水平（见图 3－5）。但随着劳动力、土地、环保等成本的上升，中国的贸易优势正在逐渐丧失，对 FDI 的吸引力也在下降，日益充足的产业资本也在寻求对外投资的机会。2019 年中国国际贸易净额已降至 1.1%，直接投资净额也降至 0.4%，更重要的是中国的海外收入体系和依靠金融投资吸引国际资金的模式尚未建立。中国依靠国际贸易和投资参与国际循环的模式，在后疫情时代外部环境日益紧张的背景下，面临越来越严峻的挑战。

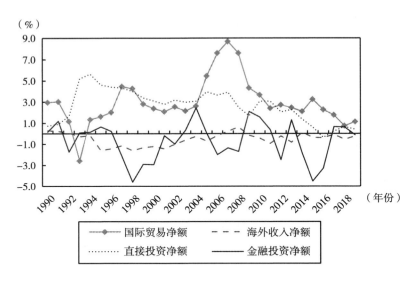

图 3 – 5　中国依靠贸易和投资的国际循环模式

　　韩国则延续了强劲的出口竞争力，近年来国际贸易净额也基本维持在 3% ~ 5% 的高水平。同时韩国也正在积极对海外进行投资，从 2012 年开始，韩国成为金融投资净输出国，2012 ~ 2019 年对外金融投资净额与 GDP 之比平均在 3.3% 。韩国正在从积极向着日本、德国模式转型，2011 年开始海外收入已经稳定在正的水平，2011 ~ 2019 年海外收入与 GDP 之比平均在 0.5% ，且在稳定增长中。

　　这三种参与国际大循环的模式看似相互独立，实则环环相扣，中国和韩国等制造业大国创造了出口，但又将外汇投资西方发达国家，形成了美元、欧元的回流；同时德国、日本等国又构筑起在中国、东欧、东南亚的海外收入网络体系（见图 3 – 6）；而美国和英国这些金融中心国家则依赖金融向心力维系国际循环的动力，但这种模式已经难以维持。中国面临的国际大循环形势十分严峻，在金融危机以后，日本、法国、德国日益依赖海外收入的支撑，美国则继续依靠金融投资的资金回流，但中国至今仍未建立海外投资和收入体系，一旦国际大循环受到阻隔，中国可能只能退回到内循环的境地，构建双循环格局存在较大困难。

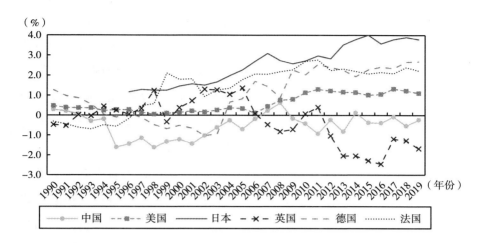

图 3 − 6　1990 ～ 2019 年各国海外收入净额占 GDP 比重

资料来源：IMF。

第三节　后疫情时代国际大循环将发生的变化

新冠肺炎疫情对全球经贸格局产生了深远影响，即便疫情得到控制以后，全球经济恢复仍面临诸多的不确定性：超前高企的高负债、前所未有的两极分化以及大国之间的激烈竞争。之前的各类国际大循环模式又将呈现出怎样的特征？笔者试着从国际贸易循环、投资循环、金融资金循环、科技文化循环四个层面对未来的国际大循环发展方向进行推测。

一、国际大循环演进的四个方向

全球供需结构性矛盾更激化、国际贸易缺乏需求动力。2007 年的全球金融危机终结了国际贸易和投资指数级发展的趋势，近十年来全球外贸依存度基本处于平台发展期，各国对于贸易份额的争夺更加激烈，导致了全球化逆潮的出现。新冠肺炎疫情的全球蔓延加剧了全球性的供给和需求的结构性矛盾，尤其是沉重打击了美欧等发达国家的消费能力，造成国际贸易缺乏需求牵引的动力，全球性的生产、分配、流通、消费大循环难以畅通。疫情后的全球供需矛盾激化源于三个原因。一是发达国家收入分配极化、居民依靠政府救济度日消费能力匮乏，但全球供给却迅速恢复。美国《时代》周刊 2020 年 9 月 14 日刊文称，新冠肺炎疫情期间顶级富豪身家暴涨，而另一面却是超过 3200 万人失业，贫富差距达到了大萧条以来的最高点。但同时全球供给却在各国复产复工的推动下迅速恢复，后疫情时代居民收入的优化提升以及家庭资产负债表的修复需要较长时间，贫富差距极化背景下供需成为阻碍国际贸易发展的重要障碍。二是政府部门快速加杠杆，经济刺激空间被压缩。美国国会预算办公室的报告称，2020 年美国财政赤字将达到 GDP 的 16%，不仅是美国，世界各国都在抗击疫情和恢复经济方面采取了大幅加杠杆的举措，这导致后疫情时代的经济刺激政策的空间被压缩。更严重的是过度负债使美国国债的吸引力下降，美元回流机制不畅。三是国际经贸冲突更加激烈，国际贸易成本大幅上升。美国挑起的贸易摩擦和新冠肺炎疫情陡然增加了贸易的关税、运输等流通成本，国际贸易格局需要在不断变化的新成本格局下实现再平衡。

全球投资阵营划分更明显、投资大循环演化为区域强循环。历史证明，在大国博弈的阶段，各国抱团形成区域经济集团是必然趋势，20 世纪 70 年代美欧博弈推动了欧洲一体化，随后美国牵头实施北美自由贸易协定，日本试图建立东亚经济圈，韩国面向东北亚构建区域经济循环。后疫情时代，全球投资的阵营划分将更加明显。快速全球化时代全球性的投资和海外收入循环面临投资限制、收入冻结等制约，以美国为代表的长臂管辖造成了国际投资的极大不确定性。全球投资和收入大循环将演变为依托区域经济联系的区域性循环。事实上，欧盟的一体化进程正是在以法国和德国为中心的区域经济循环范式。2021 年 1 ~ 8 月，中国与东盟已互为第一大贸易伙伴国，中国对东盟的投资也不断增多，构成了发展区域循环的良好局面。

全球经济"脱实向虚"更严重、美元霸权面临严峻挑战。疫情导致全球供给远远大于需求，实体经济长期性萧条与流动性长期繁荣并存，全球金融资本过度充裕将成为未来一个时期内国际金融环境的主要特征。经济贸易循环与金融循环相互促进联动的全球化难以持续，国际金融资产小循环将取代全球经济大循环，过度供给的全球流动性在金融领域空转。更重要的是后疫情时代美元霸权面临更大的挑战，美元霸权衰落后的货币乱局也不利于全球大循环发展。美元资产、石油美元、美元交易是美元霸权的三大基础，后疫情时代这三大基础都可能面临被摧毁的危险。一是美元资产不再"安全"，美元逐步丧失价值属性。在全球疫情常态化背景下，美国无限货币宽松和国内实体萎靡，美国经济脱实向虚严重，导致泡沫不断累积，美元资产可能不再成为真正的"安全资产"。二是石油美元联盟出现裂痕，美元逐步丧失结算属性。石油等大宗商品价格暴跌，加上美国能源革命使石油输出国和美国之间形成了战略竞争关系，石油美元联盟难以为继。三是中美经贸摩擦加剧，美元逐步丧失交易属性。中美经贸摩擦影响了全球最大的贸易往来。美元的安全资产、石油交易、贸易交易三大支柱都会受到严重打击，可能会出现类似 20 世纪 70 年代的美元货币危机。

科技文化意识形态冲突性增强、全球技术溢出效应削弱。国际技术和文化伴随着国际贸易、投资、金融发展的过程在各国传播融合，带来全球先进技术的技术溢出效应，带来了经济正外部效应。但随着后疫情时代科技文化层面意识形态的对立性增强，人员交流受阻、会展会议受到限制，技术传播速度下降，全球技术的溢出效应将被削弱，全球经济的长期潜在增长率也可能下降。

二、工业化后期中国国际收支模式面临重构

工业化后期中国的国际收支体系的主导力量正在发生历史性的变化，

过去依靠出口竞争力和外国直接投资建立的"双顺差"趋势逐渐消失（见图3-7）。

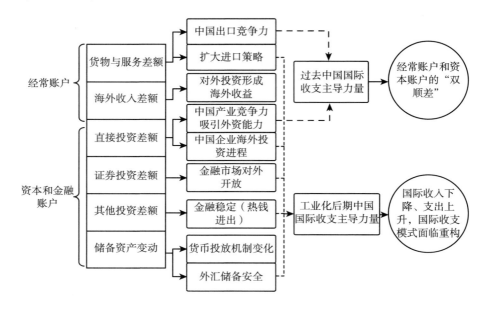

图3-7 中国国际收支主导因素的历史性变化

从经常账户来看，强劲的出口转向扩大进口，外汇收入下降、支出上升，经常账户的顺差可能在未来几年逐步转负并在正负中波动。由于近年来中国海外投资以基础设施建设为主，短期内难以获得回报，因此海外收益还难以成为支持国际收支平衡的主力。

从资本和金融账户来看，成本上升导致投资吸引力下降，直接投资层面海外直接投资的势头被中国对外投资的趋势所取代。随着金融市场进一步对外开放，证券投资领域的国际收支也将成为主导因素之一，资金进出的波动将进一步加大。另外，一旦经常账户、直接投资、证券投资存在赤字，人民币汇率又维持不变的状况下，其他投资部分将成为各类资金离开中国的主要渠道，近年来中国国际收支波动性增大正是由于其他投资科目的大幅增加。

总体来看，"收入下降、支出上升、稳定性下降、风险性上升"是未来国际收支呈现的四大特点。由于出口增速下降、吸引外国投资能力下降，国际收支的收入部分可能出现明显下降。另外，扩大进口、海外直接投资、海外金融投资都将带来较大的资金流出压力。从结构来看，以进出口和直接投资为主的结构转向证券投资、其他投资主导的结构，国际收支将更容易受到国内外经济形势、市场预期等因素的影响，资金流入流出的波动性将进一步增大。与此同时，国际收支风险也在上升，一方面外汇储备下降、人民币贬值压力带来的国际收支安全问题凸显；另一方面其他投资部分尤其是热钱流动更加频繁，对中国金融体系带来严重冲击。

第四节 中国参与国际大循环的空间和潜力

在后疫情时代，如何以国内大循环为主、推进国内国际双循环相互促进呢？笔者认为国内大循环为主，体现在以国内需求为主导牵引国际贸易、以国内生产为主轴构建区域产业循环、以国内经济发展为主场集聚全球金融资本、以国内科技为主心推动国际科技合作发展四个方面，构建起以我为主的贸易、产业、金融、科技四大国际循环体系。

一是以国内市场需求和国际贸易相互促进。我国以往参与国际大循环的模式主要是以满足外需为主，对外贸易快速发展的同时也造成了贸易不平衡、贸易摩擦加剧的问题。扩大国内市场需求，提升进口规模和质量，同时使国内的贸易服务标准与国际相接轨，逐步形成与世界规则标准同步的国际市场，畅通出口转内销的渠道。以国内需求为主导牵引国际贸易的发展，是一个贸易大国发展的必然路径，有利于提升国际贸易发展的安全稳定性，提高国际贸易规则制定的参与度。更大幅度促进商品双向开放满足美好生活需要。实施积极进口战略，扩大国外高质量高水平产品的进口，大力发展服务贸易、数字贸易、保税业务、跨境电子商务等新业态，满足国内高质量经济发展和人民美好生活的需要。提升进口贸易在国民经济和社会发展中的地位与作用，继续办好中国国家进口博览会，持续推进贸易综合平衡，补好货物贸易进口的短板和服务贸易出口的短板。持续扩大出口水平，鼓励出口高附加值的产品，通过全球生产网络布局更深入地将产品与发达国家的前沿市场需求有效对接，以发达国家市场需求为牵引，努力提升我国供给体系的质量。

二是以国内生产为主轴构建区域产业循环。随着国内生产要素成本不断上升，中国面临对外产业"雁阵转移"的压力，一方面要加强国内关键核心技术的攻关研发；另一方面顺应对外产能合作的趋势，逐步形成以我为主轴的区域生产链条循环体系，从单纯的国际贸易获利转向国际投资和产业合作获利，提升参与国际大循环的主导性和掌控力。依托与东南亚十国较强的经济和文化联系，进一步巩固经济联系，形成东亚经济良性循环。加强与日本、韩国在经济贸易领域的合作，加强政策沟通，共同为亚洲经济治理出力。引导企业在东南亚投资，构建以中国为中心的产业链体系。建立国际产能合作指导目录，建立国际产能合作评估机制，充分评估产业转移可能引起的全球产业链布局、就业损失、利润增长、人民币国际化、国际政治等方面的影响。推动建立"一带一路"国家金融联盟、货币互换基金等国际金融业态，形成"一带一路"的金融贸易循环体系。加快推动人民币在东南亚及"一带一路"沿线国家的区域循环。加强国际援助等方面的人民币使用比例，培养惯性更强的人民币境外使用用户。

三是扩大金融业开放，以国内经济为引力场集聚全球金融资本。后疫情时代流动性过度充裕是全球金融发展的中长期背景，国内率先稳定疫情、顺利推动复产复工的有利形势得到国际金融资本的青睐。以国内经济发展为主场，坚持金融稳定安全的前提下，进一步推动金融对外开放，消除金融扭曲，依托金融中心城市、自由贸易港、自贸区等平台吸引集聚全球资本，逐步接轨国际金融市场，借机打造若干更具影响力的全球金融中心，提升人民币在国际资本循环中的话语权，为大国金融博弈赢得重要的筹码。进一步推动金融业、教育、医疗、专业服务等服务业行业对外开放，提升服务业市场化竞争水平，提升服务业国际竞争力。进一步推动跨境货物贸易、服务贸易和新型国际贸易结算便利化。加快引进国际知名银行、私募基金、信托等金融机构，引导国际资金进入长期资本投资领域。推动本土金融科技标准的国际化，鼓励本土金融科技业态的国际化转型。建设人民币安全资产体系，在香港、海南自贸港等地试点开放人民币计价的资产业务。加快金融基础设施建设，完善升级CIPS交易系统。增强驾驭国际金融体系、防范和解系统性金融危机的能力。建立贯通外交、金融、商务等领域的经济金融预警机制，构建信息系统共享平台，及时互通信息并协调措施方案，完善境外资产分散投资、安全转移的应急预案。

四是坚持自主创新补齐关键技术短板。近年来发达国家对我国技术封锁日益严重，外向技术依赖度高的产业面临"卡脖子"的困境。要推动国内科技自主创新，构建独立自主的通用技术体系，补齐关键环节短板。发展新型举国体制的科研攻关优势，着力打通关键核心技术受制于人的短板。加大对供应链上龙头企业创新的支持，尽快攻克难关，打破关键器件和核心技术受制于人的局面；加大对零部件领域供应企业的信贷支持力度，加快培养一批创新水平高、供应能力强的配套企业。重点培育5G、人工智能等新领域新业态，在未来五年内形成"以我为主"的制造生产链，形成多个新兴经济聚集带。

| 第四章 |

国内国际金融大循环

构建以国内大循环为主体、国内国际双循环相互促进的新发展格局是未来一定时期内的重要战略方向。国民经济循环有价值和资金两种形态，通过建立投入产出式的资金流量循环矩阵，可以较好地分析国民经济中的金融资金循环特点。经过对 1992～2018 年资金流量循环矩阵的分析，发现我国金融资金循环的格局已出现较大变化，大循环被小循环所取代，传统资金单向大循环模式日渐式微，部门内和部门间小循环不断增强，资金空转、阻塞、沉积现象明显。大循环退化为小循环助推资源在部门内部的再分配和极化，国民经济循环退化为收入分配极化的恶性循环。为此，要重构各部门资产负债关系，提升资金循环能力，畅通部门间资金循环，构建国内国际资金良性循环。

第一节 我国金融循环情况分析

以往国民经济循环只注重社会再生产的价值形态，专注生产、分配、流通、消费之间的价值转移转化，而双循环理论也注重循环的资金形态，提出要提高金融体系服务实体经济能力，形成国内市场和生产主体、经济增长和就业扩大、金融和实体经济良性循环。金融和实体的良性循环，是国民经济循环资金形态的良性互动，这是以往马克思主义政治经济学忽视的部分。畅通国民经济循环，意味着非金融企业部门、金融部门、居民部门、政府部门之间的资源资金循环有效，国内部门改变过度依赖国外部门的关系，形成以国内部门循环为主、国际循环竞争力提升的格局。

从循环分析方法的角度来看，国民经济循环以价值形态和资金形态展现，因而可以从价值转移和资金流动两个方向分析国民经济循环效率。从价值转移角度来看，国民经济循环以生产、分配、流通、消费为循环节点，可以通过投入产出表进行研究，主要侧重于价值在各产业、各部门转移转化的效率分析，这方面的研究相对较多。从资金流动的角度，可以通过将复式记账的资金流量表转化为投入产出式的资金流量矩阵，对各部门之间的资金流动循环进行分析，目前这方面的研究相对欠缺。

本节通过建立 1992～2018 年的五部门投入产出式资金循环矩阵，系统研究资金循环模式的变化，分析中国各部门之间资金循环的堵点，进而从各部门的角度提出疏通国民经济循环堵点的政策举措。

本节的主要研究方法是对资金流量表进行投入产出式的改造。自从中国人民银行公布 1992 年以来的资金流量表以来，针对实物交易和金融交易的资金流量表研究逐步增加。如吴兴旺（2012）以资金流量表（金融交易部分）为主要研究对象，通过分析近 20 年的时间序列数据，对主要的宏观金融指标，如全社会资金流动规模、境内外融资总额、融资结构、企业资金缺口以及资本外流等进行了研究。刘西（2016）从储蓄货币和交易货币的视角出发，基于资金流量表，分析我国 M2/GDP 的影响因素和变动趋势发现我国居民储蓄率较高、投资渠道狭窄、间接融资规模较大。潘文轩（2019）利用中国资金流量表（实物交易）数据，从税收参与国民收入分配的程度与结构、税收对各部门收入形成的影响、税收对国民收入分配结构及其变化的影响三个维度，实证分析了 1992 ~ 2015 年税收对中国国民收入分配格局的作用。但由于中国人民银行公布的资金流量表是以复式记账式呈现的，因此相关的研究基本处于简单数据比例比较的层面。

为了更好地反映金融资金在各部门之间的循环特点，学者们将复式记账式的资金流量表转化为投入产出式的资金流量矩阵。如胡秋阳（2010）设计并推算编制了三种中国投入产出表式资金流量表，三种表分别反映金融交易形成的部门间资金关联关系、实物交易形成的部门间资金关联关系、金融交易和实物交易等各交易项目之间的资金关联关系。张南（2013）将中国的资金流量表调整为矩阵式资金流量表，分析了部门间资产与负债的基本特征。进而应用列昂惕夫逆矩阵建立了部门间金融风险的波及并效应模型并展开乘数分析，给出了各项金融交易风险波及的排序，解析了金融系统性风险对中国金融整体的最终波及效应。李宝瑜和王涛（2016）利用全球各国独立公布的国际收支平衡表，编制了国际资金流量初始矩阵，进一步编制了 2012 年全球资金流量表，然后在国际资金流量表基础上对 2012 年全球主要国家之间的资本和金融流动状况进行了分析。段玉（2016）基于 2012 年资金流量数据，构建部门表和产品表两个金融资金流量矩阵表来计算各部门投资的影响效应（支出乘数和收入乘数），探讨资金流量表的矩阵应用。

虽然各学者编制投入产出式资金流量表的方法不尽相同，但基本思路是寻找各部门的资产和负债比例对应关系，从而构建各部门之间的资金流动矩阵。目前的研究局限于矩阵的编制和乘数分析，缺乏从长期视角对资金流量循环模式变化的探讨。利用投入产出式的资金流量表，可以清晰地分析金融资金在各大部门之间的循环流动，理解双循环以资金形态存在的演进过程。

第二节 投入产出式资金流量循环表的编制

本书采用张南（2013）的方法，将复式记账式金融资金流量表转化为投入产出式资金流量矩阵。具体而言，分为四个步骤：第一步是将五大部门（非金融企业、金融机构、政府部门、住户、国外部门）按照复式记账法的资产和负债分开，建立各部门各科目的资产表和负债表。第二步将各部门每个科目的资产与负债进行对应，建立每个科目的矩阵循环表，计算负债比例系数 = 部门持有某类金融负债/某类金融负债合计，如"通货"科目中，仅有金融机构负债占比为100%，其余均为零（见表4-1、表4-2）。第三步将各科目的资产向量进行转置，并乘以负债比例向量，得到各科目5×5的投入产出式矩阵表。如"通货"科目可以得到表4-3形式的矩阵。第四步将各科目的矩阵相加，得到所有科目的资金循环矩阵，并填入净资产增加行向量、净负债增加列向量，以及资金来源合计、资金使用合计。最终得到7×7的投入产出式资金流量矩阵（见表4-4）。

087

表4-1　　　　　　　　2016年各部门的"通货"资产

科目	资产				
	非金融企业	金融机构	政府部门	住户	国外
通货	458	0	102	4517	11

表4-2　　　　　　　　2016年各部门的"通货"负债

科目	负债				
	非金融企业	金融机构	政府部门	住户	国外
通货	0	5087	0	0	0

表 4 - 3　　　　　　　　2016 年各部门的"通货"矩阵

部门	非金融企业	金融机构	居民	政府	国外
非金融企业	0	458	0	0	0
金融机构	0	0	0	0	0
居民	0	102	0	0	0
政府	0	4517	0	0	0
国外	0	11	0	0	0

表 4 - 4　　　　　　　　投入产出式资金流量表结构

部门	非金融企业	金融机构	政府部门	住户	国外		
非金融企业						净负债增加	资金使用合计
金融机构			各部门间资金投入产出				
政府部门							
住户							
国外							
净资产增加							
资金来源合计							

　　投入产出式的资金循环流量表可以较好地反映各部门之间的资金流量循环关系，通过建立 1992 ～ 2018 年较长时间跨度的资金流量循环表，则可以反映中国金融资金循环的趋势性变化，发现中国金融实体循环模式的转型特点。

第三节　中国资金循环的演变规律及突出问题

　　传统的金融资金循环格局，表现为盈亏明晰、流向单一、循环畅通。居民、政府是资金盈余部门，非金融企业是资金赤字方，金融机构作为资金中介方，盈余资金注入非金融企业，资金从居民、政府到金融企业再到非金融企业资金流向单一（见图 4 - 1）。国内和国外的资金循环关系以国外部门向非金融企业输入资金为主要方向，国外直接投资是资金流动的主要承载形式。同时，资金在各部门之间大循环畅通，各部门内部的小循环规模较小，资金主要在各部门之间大范围流动。

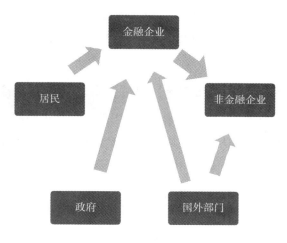

图 4 - 1 传统的金融资金循环格局

从 1992～2018 年的资金循环变化趋势来看，部门间的"大循环"逐步转向了部门内部和部门之间的"小循环"。通过将表格中的各部门资金来源加总，可以得到金融资金循环总量（见图 4 - 2）。从资金循环的总量来看，金融资金循环一度逐步脱离价值创造循环，2016 年达到资金空转的峰值。1992～2018 年，金融资金循环总量整体上与 GDP 规模相当。在2007 年以前，金融资金循环总量略低于 GDP 总量，具体表现是金融循环处于为实体价值循环服务的地位。在 2007 年以后，历年的金融资金循环总量逐步高于 GDP 总量，尤其从 2014 年开始，2015 年和 2016 年的金融循环总量大幅超过 GDP 总量，2016 年金融资金循环总量达到 GDP 的138%，表现为金融泡沫迅速集聚。这是由于当时金融自由化推动下各类金融机构层层嵌套，产生了众多"影子银行"。也正是在这一阶段，金融体系空转的同时，房地产市场也异常火爆，一线城市出现普遍性的房价暴涨。中央也意识到了这一问题，在 2017 年中央金融工作会议以后，金融服务实体经济的定位进一步明确，金融过度空转的态势得到逆转，2017 年当年金融资金循环总量与 GDP 之比又下降到了 93%，2018 年进一步下降至 85.5%。另外，社会融资规模和 GDP 之比的变化态势也基本和以上趋势相一致，可以为上述结论作为印证。但是社会融资规模表示的是实体经济从金融机构获得的资金量，因此资金循环总量的概念要大于社会融资规模。由于金融去杠杆政策也造成了一定程度实体经济的误伤，资金循环总量大幅低于 GDP 总量，2019 年政策又进行了一定程度的回调，由于 2020 年《中国统计年鉴》仅更新到 2018 年的资金流量表，可以用社会融资规模占 GDP 之比来理解 2018～2019 年的政策回调，2017年、2018 年、2019 年社会融资规模与 GDP 之比分别为 31.4%、24.5%、25.8%。可见，金融去杠杆和相关的政策调整逐步迫使金融资金循环向着服务实体经济创造 GDP 的方向转变。

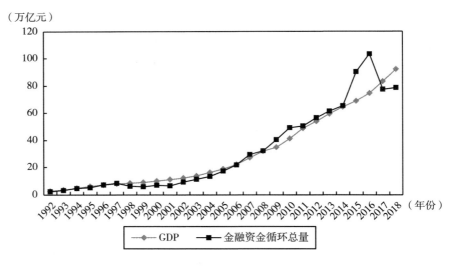

图 4－2　金融资金循环总量与 GDP 对比
资料来源：历年中国资金流量表，图 4－3、图 4－4、图 4－5、图 4－6，下同。

部门内循环规模大幅上升，部门小循环趋势明显（见图 4－3）。从投入产出式的资金循环矩阵的对角线可以看出各部门内部金融资金循环的规模。非金融企业部门内部的资金循环主要包括应收应付账款、企业间借贷等，表现为脱离金融体系的非金融企业杠杆，企业间借贷规模大幅上升，表明企业经营难度增大。可以看出，从 2010 年开始中国企业间资金循环规模大幅上升，表明非正规金融规模迅速扩张，2011~2014年非金融企业部门内资金循环又有所下降，但到2015~2016年又达到高峰。随着金融泡沫化和金融空转程度加剧，非金融规模迅速扩张，企业经营难度却大幅增加，企业融资难度和成本也在不断上升。2017~2018年这一规模又出现大幅下降，主要是由于金融去杠杆背景下各类影子银行、民间借贷、企业间委托贷款等业务下降。金融企业部门资金内循环在1992~2009年稳步提升，但在2010~2016年，金融企业部门内循环总量从6.5万亿元迅速攀升至24万亿元，占全部金融资金循环总量比例从13.1%提高到23.3%，金融资金体系内空转现象十分明显。受金融业去杠杆的影响，2017年金融机构内循环资金规模下降至14万亿元，2018年进一步下降至11万亿元。这一现象很容易理解，解决金融资金空转问题首先是实现金融的穿透式监管，打击各类金融嵌套，因此过度扩张的金融体系内部资金循环必然会出现大幅下降。

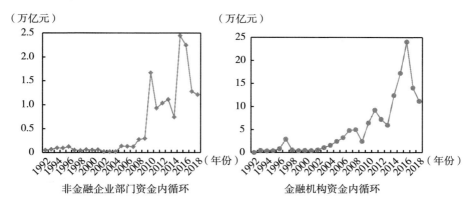

图4-3　部门内资金循环

从部门间资金循环来看，非金融企业获得金融机构的资金流量比例大幅减少（见图4-4）。传统金融循环中的非金融企业是金融资金流动的主要方向，承担了将储蓄转化为投资的主要任务。但近年来非金融企业获得金融机构资金的比例却在不断下降。从非金融机构获得金融机构资金占金融机构向非金融企业、居民、政府部门之比的变化趋势来看，

20 世纪 90 年代该比例一度高达 90% 以上，进入 21 世纪该比例尽管有所下降，也基本处于 70%~80%，但从 2015 年以来，非金融企业获得资金的比例陡降，从 2014 年的 71.9% 迅速下降至 44.5%，2018 年回升至 50.2%。非金融企业获得资金比例的快速下降，表明居民和政府获得资金的比例大幅上升，居民和政府的资金盈余程度明显萎缩。更重要的是，在 2017 年金融去杠杆的政策背景下，非金融企业获得金融体系的资金比例尽管有所回升，但仍然处于历史角度水平，说明金融去杠杆的政策不但压缩了金融资金空转，也部分冲击了实体经济获得金融资金的能力。应该看到的是，非金融企业获得资金比例降低，就意味着居民部门和政府部门获得资金比例不断上升，而居民部门和政府部门作为非生产部门或者生产性较弱的部门，它们获得资金比例的上升很大程度上不利于经济的扩大再生产。

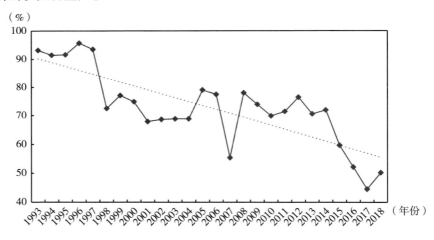

图 4-4　非金融企业部门获得的金融机构资金占比

　　居民部门资金盈余萎缩，政府部门从盈余转向赤字，金融—居民、金融—政府小循环加剧（见图 4-5）。尽管居民部门和政府部门获得金融资金的比例不断上升，但是这些部门的资金盈余水平却在降低。2008~2018 年，居民部门和政府部门作为传统的资金盈余部门，盈余程度不断下降，政府部门甚至出现资金赤字。以居民和政府向金融机构输送的资金当作广义存款，将金融机构向居民和政府输送的资金当作广义贷款，以广义存款除以广义贷款作为评判部门资金盈余的水平。居民部门资金盈余水平从 2008 年的 4.7 下降至 2018 年的 1.4，这主要是由于房价上涨导致居民房贷规模迅速膨胀，居民中长期贷款流量与居民存款之比从 2011 年的 20.5% 提升至 2018 年的 46.4%。政府部门资金盈余水平从 2008 年的 3.6 下降至 2017 年的 0.8，2018 年更是进一步下降至 0.48，表明政府部门的借入资金已经大于存款资金，政府部门广义赤字已经形成，需要依靠源源不断的金融借贷才能满足当年政府资金运转。如果考虑非金融企业部门中还包括大量地方融资平台，政府部门从金融机构获取的借款规模已经远远超过存款规模。居民和政府部门资金盈余水平的下降，表明资金循环已不再是居民、政府向金融的单向流动，金融与居民、政府部门之间的双向资金流动大幅增加，在一定程度上挤占了非金融企业部门获取金融资源的份额。

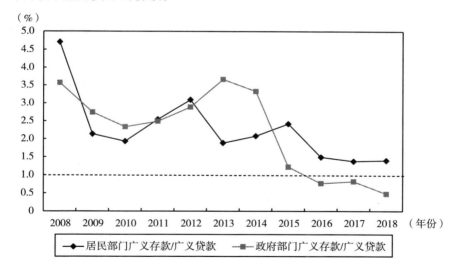

图 4-5 居民部门和政府部门的广义存款与贷款之比

国外资金循环占比不断下降，证券投资取代直接投资成为国际资金主要流动方向（见图 4-6）。从国内和国际金融资金循环的比例关系来看，国际资金循环所占的比重在 1992～2008 年基本在 8%～14% 的区间波动，受不同年份国际投资资金流动的变化影响较大。2009 年以后，受金融危机后逆全球化趋势的冲击，叠加中国扩内需政策推动国内资金循环占比迅速上升，国内大循环的金融资金循环比例不断上升，国际资金循环对全部资金循环的支撑作用逐步减弱，2018 年国际资金循环占全部资金循环之比已下降至 5.0%。这主要是由于国内劳动力、土地等成本上升，传统参与国际大循环的程度到一定的"瓶颈"，相反随着国内服务业占比的上升，纯国内价值创造和资金循环的能力有所增强。因此，以国内大循环为主体、国内国际循环相互促进的新发展格局，在国内国际资金循环的比例结构变化角度，得到了一定程度的印证。与此同时，以并购、证券投资为主的国际金融资金流动逐步取代传统的面向实物资产的直接投资。尤其是 2020 年新冠肺炎疫情席卷全球，世界各国供需结构性矛盾进一步加大，全球面临资金"脱实向虚"的困境。受此影响，2020年 3 月全球疫情暴发以后，进出中国的证券投资资金比例大幅提升，单月占比较 2019 年末增长一倍以上。因此，中国参与国际资金循环的风险也在不断上升，以往依靠贸易、直接投资牵动的资金循环逐渐被金融资金循环所挤占，如何在金融对外开放的同时把守住防范外来金融风险的关口就显得十分重要。

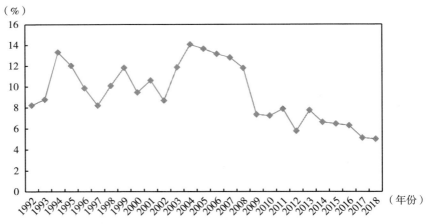

图 4 - 6　国际资金循环占全部资金循环之比

综合以上分析，我国金融资金循环的格局已出现较大变化，大循环被小循环所取代，资金循环堵点不断增多。具体而言，传统的内部从居民、政府到金融企业到非金融企业，外部从国外部门到金融企业再到非金融企业的资金单向大循环模式日渐式微，金融企业、非金融企业的内部资金循环不断增长，居民—金融企业、政府—金融企业、国外部门—金融企业的部门间小循环不断增强，资金空转、阻塞、沉积现象明显（见图4-7）。即便在2017年金融去杠杆的政策压力下，尽管非金融企业和金融机构体系内的资金自转问题得到了初步缓解，但是非金融企业的融资占比仍出于历史低位，居民部门和政府部门的资金盈余水平仍然在下降，表现出金融去杠杆和金融服务实体经济的两难，打通金融小循环到大循环的堵点依然任重道远。

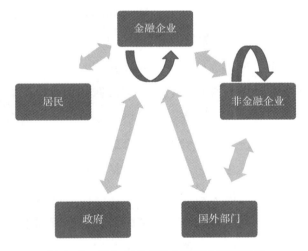

图4-7　近年来形成的金融资金循环格局

第四节　构成资金循环梗阻的主要堵点

金融去杠杆的政策背景下，金融机构本身的资金空转问题已达到缓解，但国民经济的金融资金循环仍存在诸多堵点，居民、政府、非金融企业的资产负债表恶化导致金融小循环不断增强，参与国际大循环的空间和潜力受压制，大循环的韧性被小循环的脆弱所取代，资金沉积沉淀在某些小循环中，导致资金循环效率低下。如果说国民经济大循环是金融资源在各部门之间的优化配置，那么大循环退化为小循环就成了资源在部门内部的再分配和极化，危害性极大。居民—金融小循环强化，意味着富裕者更富、贫穷者受房贷挤压更贫穷，国民经济循环退化为收入分配极化的恶性循环。

居民部门资产负债表严重恶化，金融房地产小循环日益增强。房价过高导致居民过度加杠杆，居民部门成为金融机构资金输出的承接主力，居民部门资金盈余水平大幅下降。住房资产大量消耗了居民储蓄，导致居民资产以房地产形式固化，围绕房地产的居民—金融机构小循环不断增强，严重削弱了国民经济大循环的资金循环效率。同时，新冠肺炎疫情导致居民收入下降、收入财富分化加剧，由于房贷支出属于刚性支出，会进一步强化房贷对居民部门的消费挤压作用，导致居民—金融部门的小循环进一步巩固，极不利于国民经济循环的畅通。

政府收支可持续性脆弱，资金循环极易受阻。政府部门尤其是地方政府的收支矛盾由来已久，分析表明政府部门已从资金盈余部门转变为资金赤字部门，且赤字规模在不断增大。新冠肺炎后疫情时代地方政府财政收入恢复缓慢、支出又存在刚性约束，因此财政收入可持续性又将进一步下降，这导致政府部门需要更多的金融信贷资源维持财政收支可持续性，政府—金融机构的小循环也将不断增强。受到外部冲击和内部金融政策调整的影响，政府部门的资金可持续性很脆弱，后疫情时代地方政府和地方融资平台的债务风险可能不断暴露，政府—金融机构的资金小循环极易受到中断和阻碍，并进而引发更严重的系统性金融风险。

非金融企业部门资产负债约束增强，信贷扩张意愿不足。近年来受国内要素成本上升影响，实体部门盈利能力不断下降，叠加后疫情时代国际需求萎缩、国内需求恢复缓慢，实体企业生产经营面临极大的挑战。

在此背景下，国有企业的资产负债约束增强、民营企业主动去杠杆的意愿明显，非金融企业部门对于国民经济大循环的投资资金吸收和价值创造效应下降，金融循环不再是非金融企业生产为居民创造财富的过程，而退化为非金融企业内部盈利能力极化和资金极化的过程。

参与国际大循环的空间和潜力受压制，资金循环"脱实向虚"态势逐步明显。国际资金循环占整个国民经济的资金循环规模不断下降，在后疫情时代国际形势更趋复杂多变的背景下这一比例可能进一步下降，中国参与国际大循环的空间受到挤压。同时全球性的资金"脱实向虚"严重，且在全球复苏乏力、大国无限量宽松的背景下，资金循环空转、炒作资产的情况还将持续相当一段时间。中国参与国际经济大循环面临极大不确定性，既面临国际经贸冲突更趋紧张，贸易和投资风险增大，又面临国际过剩金融资本的冲击，国际金融安全和稳定面临挑战。

第五节　畅通金融资金循环的政策建议

从金融资金循环的角度，畅通国民经济循环中的堵点，加快构建双循环新发展格局，重点在于优化各部门的资产负债关系，破除金融小循环梗阻，恢复疏通金融经济大循环的金融配置效率，提升资金循环能力。

一、重构各部门资产负债关系，提升资金循环能力

优化居民部门资产负债表，降低居民利息负担。要打破居民—金融机构小循环，重构资产负债关系，降低房贷对于居民的约束。推动金融机构实质性向居民让利，引导存量贷款利率下行，降低房贷成本。提升居民实质性收入，降低居民的利息支付负担，降低利息支付与居民收入

的比例。延长房贷偿还期限，提升房贷证券化水平，延迟还贷的现金流支出。提升就业技能培训水平，巩固提高居民多元化收入。完善社保体系，提高社保覆盖率，完善社会兜底政策。

拓宽政府融资渠道，规范政府资本性支出。政府部门尤其是地方政府部门严重依赖金融资源平衡财政收入，形成了日益紧密的政府—金融机构小循环。同时地方政府融资平台债务高企，资产质量差，导致政府收支可持续性脆弱。要重点规范地方政府举债融资行为，推动包括公募REITs 等在内的金融创新项目，扩宽政府融资渠道，丰富资本市场投融资工具，在避免债务风险的前提下有效降低政府对金融机构信贷的依赖。

二、畅通部门间资金循环

坚持金融去杠杆原则，减小金融机构内部资金空转，促进资金流至实体经济。从资金循环变化趋势看，2017 年金融"去杠杆"政策实施以来，金融机构内部资金空转现象有效减少，金融稳定性得以上升。新冠肺炎疫情之后，我国货币政策和财政政策"双管齐下"，更多的资金流入金融机构。因此，要畅通部门间资金循环，避免大量资金继续在金融机构中空转，形成泡沫显得更加重要。目前不宜放开杠杆条件，应继续坚持金融去杠杆原则，继续降低金融资金循环总量相对比例，促进更多资金通过大循环流向非金融机构等部门。

加大定向货币政策力度，降低非金融企业信贷难度。从部门间资金循环变化趋势来看，非金融企业部门获得金融机构资金占比在逐年下降，实体经济企业信贷困难，资金流通性差。要畅通部门间资金循环，应加大定向货币政策力度，促进普惠小微贷款延期还本付息政策、普惠小微企业信用贷款支持政策等货币政策工具直达实体经济，从"宽货币"，将货币投放到金融机构，再由信贷市场缓慢渗透到实体经济，到"宽信用"，即直接降低企业信贷难度，将资金快速循环至实体经济部门。

三、构建国内国际资金良性循环

建立人民币区域循环体系。利用东南亚和"一带一路"沿线国家的经济贸易联系，增强人民币计价和结算比例，形成人民币的区域循环；加强以人民币计价的对外投资和产能合作；加强国际援助等方面的人民币使用比例，培养惯性更强的人民币境外使用用户。加快金融基础设施建设，完善升级 CIPS 交易系统。成立国家项目攻关 CIPS 交易系统的基金，建立部级金融交易和基础设施协调机构，统筹推进中资金融机构内部结算、国际金融交易、国际贸易投资等业务的 CIPS 结算。

稳步推进金融业对外开放，提升国际金融影响力。建立资金"电子围网"，允许离岸资金自由进出和汇兑，进一步推动跨境货物贸易、服务贸易和新型国际贸易结算便利化。推动本土金融科技标准的国际化，鼓励本土金融科技业态的国际化转型。建立防范化解国际贸易、投资、金融、数据流动、生态和公共卫生等领域重大风险的常态化机制，重点防范金融科技企业受到美国制裁打压。

第五章

中国碳排放循环

习近平提出的碳达峰目标与碳中和愿景是党中央、国务院统筹国际国内两个大局作出的重大战略决策,事关我国发展全局和长远。"十四五"规划纲要提出,落实 2030 年应对气候变化国家自主贡献目标,制订 2030 年前碳排放达峰行动方案,锚定努力争取 2060 年前实现碳中和,采取更加有力的政策和措施。2021 年 10 月 24 日,国务院印发《2030 年前碳达峰行动方案》,提出重点实施碳达峰十大行动。实现碳达峰、碳中和,是我国实现可持续发展、高质量发展的内在要求,也是推动构建人类命运共同体的必然选择。实现 2030 年前碳达峰和 2060 年碳中和愿景,是一场经济社会系统性变革,将倒逼我国经济社会发展全面低碳转型。

科学推进实现碳达峰、碳中和,需要有效地解决当前经济发展中的产业、供需、区域结构性矛盾。这些结构性矛盾既有宏观经济目标与绿色目标的协调,又有传统高碳行业与低碳行业之间的结构调整,还有碳生产和碳消费的矛盾,以及高碳排放地区和高碳消费地区的区域结构性矛盾。如果不考虑这些结构性矛盾,简单地采用供给端碳排放抑制的方法,只能加剧行业之间、供需之间、区域之间的结构性矛盾,从而影响国民经济的良性循环。

作为大型经济体,中国经济结构和区域产业分工的复杂性决定了碳排放结构的复杂性。从产业特征来看，中国仍然处于工业化和城镇化进程，具备较为完整的工业生产体系，是世界制造生产的工厂，在全球疫情冲击之下，全球对中国的制造业供给能力更为依赖，这就导致中国的碳排放有相当一部分是因出口而产生的。从供需角度看，房地产和基建投资占最终需求的比例仍然较高，造成了高碳排放的钢铁、建材等产业供给依然居高不下。从区域碳排放来看，一些地区腾退了高耗能产业，但高耗能产业的产量需求仍然存在，这就使高耗能产业进一步向另一些地区集中，导致高碳排放的电力、钢铁、建材等行业的供给和消费的异地化倾向。因此，科学客观研究和制定碳达峰和碳中和路径，离不开产业、供需、区域结构问题的分析。

第一节　文献综述

现有文献对于碳排放的产业结构、需求结构、区域结构的研究较为丰富。这些结构研究普遍采用投产出方法，以投入产出方法研究碳排放的结构问题，能够较好地从各个层面对碳排放进行深入的分析，本书也采用投入产出分析方法。

在碳排放与产业结构方面，产业结构是影响碳排放的重要变量，目前学术界主要围绕产业结构与碳排放的关联性展开研究。利用各类计量模型进行测算形成了丰硕的成果（周迪和罗东权，2021），现有研究认为，随着产业结构从农业、工业向服务业转型，能源消耗强度将下降，从而降低碳排放强度。学者也关注等高耗能、高碳能源产业的占比，以及农业、轻工业和服务业等低碳产业占比的变化。张宏艳和王炜（2020）利用我国1999~2016年的省级面板数据，发现碳排放与产业结构存在单一的门槛效应。投入产出分析也逐渐应用到了碳排放与产业结构的分析中，徐恺飞和金继红（2020）通过对2002年、2007年、2012年和2015

年投入产出表进行可比价格编制，研究制造业的碳排放结构。朱佩誉和凌文（2020）利用2017年投入产出表，构建包括13个中间产业部门和5个能源产业部门的动态CGE模型，考量不同碳排放达峰情景对于产业结构的影响。

在碳排放的需求结构方面，学者普遍采用投入产出方法分析碳排放需求驱动因素。乌力吉图（2012）利用2002年、2007年的中国投入产出表分析中国碳排放增长的需求结构，发现我国的投资和出口需求是诱发二氧化碳排放量的主要驱动因素，二氧化碳排放是投资出口依存型。张海行（2017）基于河北省2007年、2012年的投入产出表、部门能耗等数据，发现产业结构转换升级为河北省2012年碳排放减少的重要因素，最终需求结构效应和最终需求规模效应为河北省2012年碳排放增加的因素。张伟和王韶华（2021）也利用投入产出方法，测算了中国31个行业投资需求、消费需求份额变动对二氧化碳排放的影响，发现其他行业、批发和零售业、住宿和餐饮业、食品和烟草业是消费结构调整的关键部门。

在碳排放的区域结构方面，分为国际区域和国内区域两个方面，这也主要是由于国际投入产出表和区域投入产出表两类数据的差异性。在国际区域碳排放结构方面，乔小勇等（2018）对WIOD、Eora、EXIO-BASE等国际投入产出数据库进行重新编制，通过建立环境扩展的多区域投入产出模型与隐含碳排放的测算，发现国际上"南北碳转移"问题突出，发展中国家生产侧排放大于消费侧，发达国家相反。邓光耀（2020）基于多区域投入产出子系统模型，研究了中国与世界其他国家隐含碳排放的关联效应，发现中国的隐含碳进出口以及与此相对应的溢出效应存在国别上的差异，2015年中国从韩国的隐含碳进口最多，向美国出口的隐含碳最多。董聪等（2021）利用国际投入产出表研究了国际间产业转移与各国碳排放之间的关系，研究发现，国际产业转移对接收国因国外因素而产生的碳排放增量具有抑制作用。在碳排放的区域投入产出分析方面，邓荣荣和杨国华（2018）利用2002～2012年中国八区域投入产出表分析了区域间的碳排放转移，发现经济发展水平较高的京津区域、北部沿海区域、东部沿海区域、南部沿海区域为主要的净贸易隐含碳排放转出区域，且转出趋势有所增强，上述区域通过贸易将碳排放转移至东北、中部、西北等经济欠发达区域。

综上所述，以投入产出分析方法研究碳排放的结构问题得到了较多学者的认可和采用，但现有的文献存在一些不足：一是未能将碳排放的供给和需求有效地进行综合考虑，导致分析失之偏颇；二是由于缺乏最新的区域间投入产出数据，八区域投入产出表无法充分反映所有省市的差异性。基于此，本书采用 2017 年中国 31 省份的区域间投入产出表进一步挖掘中国碳排放的产业、供需和区域结构关系。

第二节　我国碳排放的供需和区域结构

在投入产出关系中，总投入形成了中间品产出和最终需求，最终需求因而与总投入存在矩阵数量关系，各行业的总投入与直接碳排放量相关，因而最终需求与各行业的直接碳排放量存在矩阵数量关系。

可以表示为 $CO_2 = CO_2 \times Y = CO_2 \times D \times (I - B)^{-1}$，其中 CO_2 是增加值，CO_2 是碳排放量与总投入的比例关系，B 是直接消耗矩阵，Y 是总产出，D 是最终需求。最终需求可以进一步分解为 $C + I + EX$，即消费、投资和出口，因而消费、投资、出口都可以分解出对应的碳排放量。

中国碳核算数据库（CEADs）提供了 2017 年涵盖 31 个省份和 42 个社会经济部门的中国多区域投入产出表，并将各行业碳排放对应到了各地各行业，利用该表可以对 31 个省份之间的碳排放量进行区域分析。

一、产业碳排放的结构

当前产业结构下碳排放进入高位调整期，但近两年重点排放行业产量和投资"双增"加大了后续达峰和中和压力。根据中国碳核算数据库，2000~2013 年中国全行业碳排放处于快速增长阶段，二氧化碳排放从2000 年的 30.03 亿吨迅速增长到 2013 年的 95.34 亿吨，2013 年至今全行业碳排放已经进入平台期，在 95 亿吨左右波动，2016 年碳排放一度下降至 92.17 亿吨，到 2018 年又增长至 96.21 亿吨（见图 5-1）。但 2019 年、2020 年高碳排放行业产量和投资"双增"，带来碳排放逆势增长。2019 年、2020 年钢铁产量分别同比增长 9.8% 和 6.1%，水泥分别同比增长 7.7% 和 1.6%，而 2014~2018 年这两种产品的年均增速仅为 3.3% 和 0.4%。2021 年上半年，由于原材料价格持续上涨和需求复苏，钢铁和水泥产量分别增长 13.9% 和 14.1%。不少地区将"碳达峰"变成"碳冲锋"，抓紧上马"两高"项目，2021 年上半年黑色金属冶炼和压延业固定资产投资同比增长 26.3%，非金属矿物制品业同比增长 16.3%，远高于全行业固定资产投资 12.6% 的增速。高碳排放制造业产量和投资"双增"为未来碳达峰和碳中和带来较大压力。

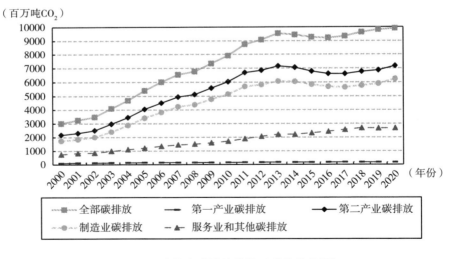

图 5-1 全社会碳排放趋势（碳排放总量）

资料来源：中国碳核算数据库(CEADs)，图 5-2、图 5-3、图 5-4、图 5-5、图 5-6，下同。

从碳排放总量来看，2018 年第一、第二、第三产业占全社会碳排放总量的比例分别为1.8%、70.3%、16.8%，其余11.1%为生活消费。仅制造业碳排放占全社会碳排放比重就高达60%，而在制造业碳排放中，黑色金属冶炼和压延业（钢铁）占到37.4%，非金属矿物制品（建材）占到22.8%，化工占到9.3%，这三个行业位列前三。此外，有色金属、石油加工等行业也是碳排放的重点。

从直接碳排放量来看，第一、第二、第三产业分别占1.0%、84.4%、10.1%，生活消费占了4.5%。电、水和燃气供应碳排放最高，主要是以火电为主的电力产业，占比高达46.93%；其次是制造业，占比达到35.88%，其中钢铁行业占19.06%，非金属矿物制品占11.37%，化工占3.48%；交通运输和仓储行业的碳排放也较高，达到8.44%，这三大行业碳排放总占比已达到91.25%，其他行业碳排放占比不到1/10。受制造业产量和投资"双增"影响，这两年制造业和电力行业直接碳排放也出现了显著增长。

二、碳排放的需求结构分析

利用2017年中国投入产出表从最终需求端分析碳排放来源，消费、投资、出口引致的碳排放占比分别为30.83%、49.96%、19.21%，而最终需求中消费、投资、出口占比分别为45.48%、37.21%、17.31%。这意味着投资需求的碳排放强度最高，其次是出口，消费的碳排放强度较弱。

分行业来看，建筑业投资需求、设备制造业消费、投资和出口需求、轻工业的消费和出口需求是碳排放最大的领域（见图5-2）。从最终需求看，建筑业的碳排放消耗规模最大，达到35.6亿吨，且都是用于投资需求（见图5-3）。建筑业是主要的投资领域，设备制造和轻工业主要服务于最终消费和出口，都处于产业链下游，从生产端看直接碳排放都很低，但实际上电力和钢铁的碳排放都是为了这些行业的最终消费服务，供应

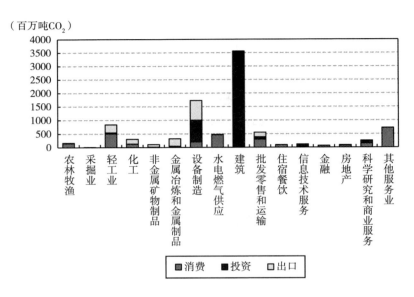

图 5 - 2　各行业最终需求端计算的碳排放对比

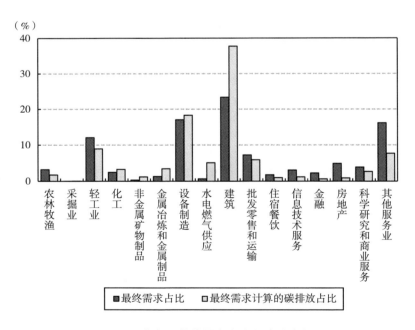

图 5 - 3　各行业最终需求占比和碳排放占比

了能源和原料。其次是通用设备、专用设备、电子设备等设备制造业，达到 17.3 亿吨，其中用于本国消费 2 亿吨，投资 8 亿吨，出口 7.2 亿吨，通用和专用设备、交通运输设备的碳排放主要用于投资需求，而电气机械设备和电子设备主要用于出口需求。轻工业也达到 8.4 亿吨，其中用于消费 5.1 亿吨，投资 0.37 亿吨，出口 2.9 亿吨，这主要是由于食品工业的消费需求引致的碳排放较高。水电燃气供应业的最终需求占比仅为 0.7%，碳排放占比却高达 5.1%，这既与电价市场化改革尚未到位、以市场价格计算的电力需求被低估有关，也与我国能源生产和转换中煤电占比高有关。除此之外，服务业部门，如以教育、医疗、公共服务为主的其他服务业最终需求占比为 16.2%，但碳排放占比仅为 7.7%，表现出低碳特征。由此可见，房地产开发、基础设施建设引致的投资需求是导致产业链高能耗、高碳排放的主要原因。从内外需的角度来看，中国 1/5 的碳排放是为了满足出口。出口导向型经济结构导致了部分产业链服务于出口，产品和服务出口到国外，碳排放却计算在中国，这是明显的国际环境外部性问题。中国经济的低碳转型，必然将伴随着产业的需求结构深度调整。

我国投资需求碳排放较高主要是由于经济过度依赖房地产——基建投资拉动。近十年来，我国的投资结构中房地产开发投资占比平均为 20%，基础建设投资平均为 24%，而这两类投资都需要消耗大量钢铁、水泥、建材等高碳排放产品。在中国的最终需求结构中，建筑业资本形成占全部最终需求比例不断上升，从 2007 年的 17.4%、2010 年的 19.2%、2015 年的 22.0%，再到 2017 年的 23.3%。而建筑业资本形成主要是房地产和基础设施建设的投资，尤其是在新冠肺炎疫情冲击下，房地产投资在全社会固定资产投资中的占比不断上升，从 2018 年的 18.9% 大幅提升至 2020 年的 27.3%，基础设施建设投资占比从 2018 年的 27.3% 大幅提升至 2020 年的 35.7%。建筑业投资需求的大幅增长引致了钢铁、建材等高耗能、高排放产业产能和产量大幅扩张。由此可见，房地产和基础设施建设产生的投资需求是导致高能耗、高碳排放型产业的根本原因。然而改变这种房地产和基建投资依赖极为困难，房地产和基础设施投资一头连着经济增长，另一头连着金融机构和地方政府财政，因此压缩房地产投资和基础设施投资，可能需要承受一定的经济下行和金融风险的爆发。

重化工业出口产品结构导致碳排放过高。根据 2017 年全国投入产出表计算，全行业总出口额为 17.4 万亿元，满足出口的碳排放量为 18.1 亿吨，单位出口隐含的碳排放量为 1.04 吨/万元（见图 5-4）。重化工业产品占出口比重 16.0%，但引致的出口含碳量占比却高达 29.5%，建材、钢铁、金属制品出口隐含的碳排放量分别高达 3.13 吨/万元、3.05 吨/万元、1.92 吨/万元，远高于全行业平均值。此外，机械和运输设备出口占比

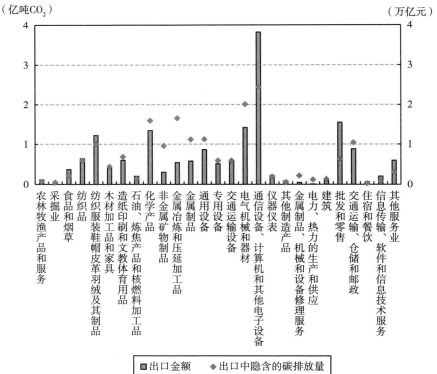

图 5-4　各行业出口额和出口隐含的碳排放

19.6%，而出口含碳量占比也达到23.8%，单位出口的碳排放也高于全行业平均，这是由于通用设备、专用设备、交通运输设备这些产品的生产需要消耗一定的钢铁等高碳排放产品。这意味着重化工业和机械设备只占了1/3的出口份额，却造成了一半以上的碳排放出口。而以信息技术服务、商务服务、金融业为代表的现代服务业的出口含碳量平均仅为0.5吨/万元，这些服务贸易的出口含碳量较低，是未来出口低碳化转型的重要方向。中国国际贸易的比较优势决定了这种出口的高碳排放特征，在高碳的重化工业、劳动密集型产业中国具有长期积累的国际竞争力，然而低碳的服务贸易领域开放程度却不高，在新冠肺炎疫情冲击之下，全球对中国制造的依赖进一步提升，这将加深中国对高碳出口行业的依赖。

居住和交通等物质消费占比仍较高，导致高碳消费结构。2012～2019年，随着人民生活水平的改善，居民消费支出中的食品烟酒占比逐年下降，从31.2%稳步下降至28.2%，同时衣着支出也从7.8%下降至6.2%，但食品消费仍然占据主要份额。同期居住和交通消费支出占比则出现了上升，居住从22.7%提高至23.4%，交通从12.3%提高至13.3%。与之相对应的是，2019年教育、文化娱乐、医疗等服务消费占比仅为20.5%。这主要是由于我国仍处于城镇化的高速发展期，人们对于城市住房和交通的消费需求仍处于大幅增长状态，而居住和交通等消费对应的建筑业和交通运输业都需要消耗大量重化工业产品和燃料，因而导致我国消费结构整体的碳消耗程度较高。

三、碳排放的区域结构分析

我们利用2017年区域间投入产出表测算发现，各地产业结构不同导致了截然不同的碳排放形势，北方整体的碳生产大于碳消费，而南方整体碳消费大于碳生产（见图5-5）。

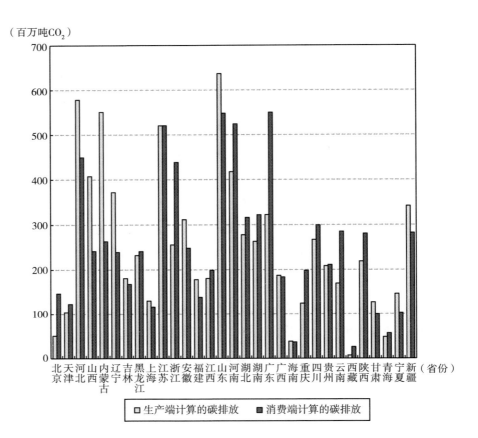

（百万吨CO₂）

生产端计算的碳排放　消费端计算的碳排放

图5-5　各省份生产端和消费端计算的碳排放对比

从生产端来看，山东、河北、内蒙古、山西、辽宁等能源和重化工业比重较高的省份碳排放最高。内蒙古、山西则是能源供应基地，在保障其他地区煤炭供应的同时，也向外输出由煤炭转换而成的电力。从消费端来看，经济大省均是碳消费重点省份。广东消费的碳最多，其次是江苏、山东、河南、浙江等省份，广东、浙江的碳消费主要是从外省输入，而江苏、山东则主要是消费自己生产的碳。

中国碳排放的区域供需特征。把各省份碳排放消费值除以生产值，可以得到碳输入（输出）的比值，该比值大于1表明碳输入，比值小于1表明碳输出（见图5-6）。北京碳输入值达到2.96，北京市服务业占比较高，生产端碳排放很低，但消费的碳较高，生产生活用电来自内蒙古、山西等地供应的能源。浙江、广东、重庆、云南的碳输入值也较高，均在1.5以上，意味着这些省市消费的碳50%以上由其他省市生产。此外，江西、湖南、湖北、四川等南方省份碳输入值均在1以上。而北方省份如河北、山西、内蒙古、辽宁、甘肃、宁夏、新疆碳输入值均明显小于1，内蒙古仅为0.48，山西为0.59，辽宁为0.64，意味着内蒙古一半以上的碳排放是为了满足省外消费而产生的，而山西、辽宁则有近2/5的碳排放满足其他地区需要。"北生产南消费"的碳排放格局是由南北方不同的产业结构决定的，北方省份大多处于能源和重工业等产业链上游，而南方省份则处于产业链下游，上游的高碳型产业为下游发展承担了更多的碳排放量。

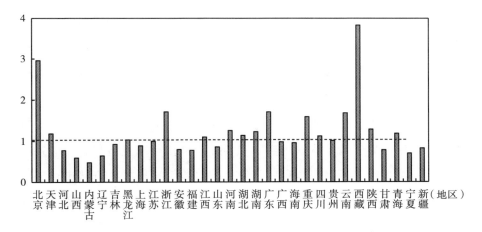

图5-6　各省份消费端和生产端计算的碳排放之比

碳排放的区域格局，本质上是由北方煤炭能源和重化工业与南方下游生产制造环节的产业分工格局导致的。钢铁、化工、建材、有色、石油和煤炭加工业等碳排放高的重化工业占山东、河北、辽宁GDP的比重分别为27.1%、19.4%、14.2%，远高于全国11.7%的平均水平，导致这三个省份生产端的碳排放较高，内蒙古、山西是重要的煤炭资源供应基地，导致生产端的碳排放远大于消费端的碳排放。而东南沿海的省份对于北方的能源和重化工业也存在普遍的依赖性，广东需求端的碳排放来自内蒙古、山西、山东、河北、辽宁五省份的比例高达22.1%，浙江也高达24.8%。北京较为特殊，由于制造业对外疏解，导致北京本身的碳排放很低，但北京需求端碳排放来自上述五省份的比例则高达33.7%。碳排放的区域格局源于产业结构的差异，应该在全国一盘棋实现双碳目标的思想下，既要发挥北方的积极性，也要发挥南方的积极性。

第三节　优化供需和区域结构稳步推进
实现"双碳"目标

统筹经济发展与绿色生态，围绕更高水平均衡协调的供需平衡、投入产出在更高层次上匹配耦合，加快优化产业结构、供需结构和区域产业分工结构，引导各地区各行业有序达峰，推动发展方式全方位改变和经济高质量发展。

结合市场需求和行业特性，有保有压推动制造业有序达峰。既要督促地方政府严禁违规上马"两高"项目，严格执行减量替代、产能置换政策，坚决遏制"两高"项目盲目发展，也要引导地方政府从市场需求出发安排产业发展，坚决防范运动式"减碳"，防范通过限产等方式推动地区和行业达峰。坚持分类施策、分区施策、分业施策，在保障国家产业安全、能源安全和经济持续稳定发展前提下，按照地区有先有后、产业有保有压的思路，推动各地区、各行业梯次达峰。引导各地结合经济发展水平、产业结构特征、技术条件和在全国的功能定位，科学确定碳达峰时点、峰值和行动方案。引导重点行业和企业结合市场需求和减污降碳技术发展趋势，科学实现达峰。

推动高碳排放的需求结构转型。坚持房住不炒，减少对房地产和基建投资的依赖，推动更多资源向科技创新和战略新兴产业集中，提升投资的质量和效率，压减无效投资和重复投资。大力推进基础研发、新型基础设施等投资比重，建立健全共性技术平台，提升公共投资的效率。优化出口政策，逐步减少出口的隐含碳排放，研究中国实施碳边境调整机制可能产生的影响，建立和完善中国碳配额交易进口和出口认证制度，构建进出口贸易的全供应链碳排放计量体系，将碳边境调整机制与碳交易机制、碳排放计量体系有效衔接。推动消费转型升级，鼓励低碳消费，加强城市电动车充电桩布局。鼓励发展分布式能源，发展家用光伏产业。

优化区域碳排放配额分配和补偿机制。简单地通过限制碳排放的生产，将导致北方地区发展权受到较大限制，并可能进一步拉大南北差距。应该统筹南北差异合理分配碳排放配额，进行区域间的环境转移支付，避免"一刀切"政策进一步加大南北差距。在碳排放目标、配额、跨区域补偿、碳税、横向转移支付等方面实现区域协调。在设计各地双碳考核目标时，除了考虑历史碳排放和产业结构之外，还应充分反映碳排放的供需关系，以及能源、粮食、基础工业原材料等保供因素，做到尊重产业分工规律和减碳目标的平衡。统筹考虑能源资源保供和双碳目标考核，对于能源保供地区、工业基础原料供应地区完成能源资源保供任务的，可适当减免部分碳排放考核要求。完善跨区域生态补偿机制，发展市场化碳配额补偿机制，在全国碳市场中开设行政单位碳交易平台。对于碳排放转移关系固定的省份，可以考虑建立横向转移支付制度，帮助能源供应基地减污降碳。

推动碳捕捉利用封存技术和产业创新发展。面对 CCUS 项目创新性强、建设周期长、投资大等现实问题，应鼓励国家绿色发展基金投入 CCUS 项目，建立 CCUS 技术的税收优惠机制，形成合理收益模式，进而实现二氧化碳的资源化、规模化、产业化应用，在提高能源采收率、合成高附加值化学产品、增产农林产品等方面，形成技术耦合、源汇匹配的跨行业 CCUS 战略性新兴产业集群等。优先在重点区域建设 CCUS 示范产业园区，完善产业部署以及管理体系，形成 CCUS 低碳产业链，进而建立健全绿色低碳循环发展经济体系。

完善碳市场机制设计，提升供需碳定价能力。逐步扩大碳市场行业范围，稳步将高耗能、高电力需求的终端行业纳入碳市场，形成供需联动，增加碳市场活力，提高碳市场的减排效率。遵循适度从紧原则确定碳配额总量，保证合理的市场供需关系。引入有偿分配的方式，逐步提升拍卖比例。丰富参与主体和碳金融产品，提高市场流动性。有序开展碳金融产品创新，探索基于现货的衍生品，探索开展包括碳基金、碳资产质押贷款、碳资产授信、碳保险等各项碳金融服务。建立灵活调节供给的市场稳定机制，发挥储备"蓄水池"功能。建立市场稳定机制，吸纳和释放配额，发挥蓄水池功能。加强全国碳交易市场与区域碳市场的衔接，畅通各类碳配额按比例折算在全国范围内流通的机制。

第六章

典型经济体国内国际循环历史经验

中国人均 GDP 于 2019 年超过 1 万美元，进入一个新的发展阶段。从联合国 WDI 数据库来看，人均 GDP 超过 1 万美元的经济体中，既有 20 世纪七八十年代的美欧日等发达国家，90 年代的东亚新兴经济体，也有 2000 年以后的转轨经济体和拉美国家。尽管这些经济体所处的时代背景和发展际遇不尽相同，但都需要面对人均 1 万美元后的共性问题：国际环境恶化竞争和冲突更为严峻、国内成本上升技术落后发展动力不足，它们应对贸易摩擦、技术竞争、结构调整、金融开放、企业国际化、解决贫富差距的战略成败，值得引以为鉴。

第一节　人均 GDP 处于 1 万~2 万美元的经济体

根据世界银行数据，截至 2019 年，人均 GDP 超过或曾经超过现价 1 万美元的经济体共计 85 个（包括中国台湾、中国香港、中国澳门）。考虑到经济体量和人口总量达到一定规模才具有参考价值，剔除其中人口小于 400 万人的小型经济体，余下共计 44 个经济体（见表 6 - 1）。这些经济体人均 GDP 达到 1 万~2 万美元的年份可以大致划分为四类：20 世纪 70 年代末至 80 年代末的美国、西欧北欧国家和日本，20 世纪 80 年代末到 90 年代末的欧洲和东亚的部分新兴经济体，2000 年至今的部分转轨国家和中东国家，2008 年至今的部分转轨经济体和拉美国家，特别需要指出的是，2007 年全球金融危机后超越 1 万美元的经济体基本都长期徘徊在人均 1 万美元附近。

表 6 – 1　　人均 GDP 超过 1 万美元的经济体和区域分布特征

时期	人均 GDP 处于 1 万 ~ 2 万美元的年份	经济体区域特征
20 世纪 70 年代末至 80 年代末	阿联酋（60 ~ 70 年代），瑞士（1975 ~ 1985 年），瑞典（1975 ~ 1986 年），挪威（1977 ~ 1986 年），美国（1978 ~ 1986 年），丹麦（1978 ~ 1986 年），比利时（1978 ~ 1989 年），加拿大（1979 ~ 1988 年），荷兰（1978 ~ 1989 年），德国（1979 ~ 1989 年），法国（1979 ~ 1989 年），英国（1980 ~ 1991 年），奥地利（1980 ~ 1989 年），芬兰（1980 ~ 1987 年），澳大利亚（1980 ~ 1994 年），日本（1983 ~ 1986 年），意大利（1986 ~ 1989 年）	北美、西欧北欧发达经济体和日本
20 世纪 80 年代末至 2000 年	新西兰（1987 ~ 2002 年），爱尔兰（1988 ~ 1995 年），以色列（1988 ~ 1999 年），中国香港（1988 ~ 1992 年），新加坡（1989 ~ 1993 年），西班牙（1989 ~ 2002 年），希腊（1991 ~ 2003 年），葡萄牙（1992 ~ 1995 年），中国台湾（1992 ~ 2010 年），韩国（1994 ~ 2005 年）	欧洲、东亚新兴经济体
2000 年至今	沙特阿拉伯（2004 ~ 2010 年），捷克（2004 ~ 2016 年），斯洛伐克（2004 年至今），阿曼（2004 年至今），匈牙利（2004 年至今），波兰（2007 年至今）	转轨经济体和中东国家
2008 年至今	智利（2007 年至今），俄罗斯（2008 年至今），土耳其（2008 年至今），阿根廷（2010 年至今），巴西（2010 年至今），墨西哥（2011 年至今），马来西亚（2011 年至今），哈萨克斯坦（2011 年至今），哥斯达黎加（2013 年至今），罗马尼亚（2014 年至今），中国（2019 年至今）	转轨经济体和拉美国家，中国

注：这里仅选取了 2018 年人口 400 万人以上的经济体共 44 个。阿联酋最早的数据年份 1975 年人均 GDP 已达 2.7 万美元，因此表述为 20 世纪六七十年代。

资料来源：世界银行 WDI 数据库。

第二节 人均 GDP 处于 1 万~2 万美元 经济体的战略举措

人均 GDP 达到 1 万美元后的经济体，尽管所处的年代不同，但基本都面临日益严峻的外部国际竞争，国内成本上升、相对技术落后导致的发展动力衰退。为了应对这些挑战，尽管各国的战略路径迥异，但大体方向可以概括为：以科技创新和金融改革推动产业结构转型升级、重塑国内发展动力，以对外投资扩张形成区域产业循环、提升国际竞争实力。

一、美欧发达国家 1975~1990 年：应对内外危机挑战的全球化布局——石油美元、货币联盟、区域化市场

20 世纪 70 年代末 80 年代初，美国、英国、法国、德国等发达国家人均 GDP 纷纷达到 1 万美元线。此时这些国家不但经历了石油危机、经济衰退的冲击，还面临联盟外部苏联冷战的威胁、内部崛起中日本的挑战。为应对这些危机挑战，美欧发达国家着手全球化布局以保持全球竞争力，形成金融霸权和货币联盟，建立区域市场划分势力范围。

全球金融霸权的确立与欧洲货币联盟的挑战。美欧在全球化的争夺首先体现在全球金融话语权层面。1971 年美元宣布与黄金脱钩，美元受到欧洲货币、日元等货币的严峻挑战。1975 年，美国与欧佩克达成协议，美元作为石油出口唯一的支付货币，其余货币——英镑、马克、法郎、日元均不被欧佩克接受。美国随后建立了石油期货市场，形成了用"美元结算、在华尔街定价"的石油美元联盟，使美元的强势地位更加牢固。与此同时，美国开始了金融自由化改革，1979 年美联储获得了完全独立

制定宏观货币政策的权力，1980年美国通过了《1980年存款机构放松管制和货币控制法》，逐步取消存贷款利率限制，推行利率市场化，并允许商业银行从事不动产抵押贷款等新业务。金融自由化极大地推动了美国的金融创新，提升了金融竞争力话语权地位。为了应对美元的强势地位，1979年在西欧国家主导建立了欧洲共同体国家用于内部计价结算的货币单位，由德国马克、法国法郎、英国英镑、意大利里拉等12种货币组成，并取代美元作为成员国货币当局的主要储备资产。"欧洲货币单位"是欧元前身，在1999年最终形成了可与美元抗衡的欧元。

形成区域化贸易、金融、投资网络市场设置势力范围。日本等东亚外向型经济体的迅速崛起，对美欧的全球市场产生了冲击，美欧纷纷建立起更牢固的经济联盟以对抗东亚经济体。1989年，美国和加拿大签订美加自由协定，1992年美国、加拿大、墨西哥又签署了北美自由贸易协定，成为当时世界上最大的区域一体化组织。西欧国家借助欧共体建立了更强大的区域一体化网络。西欧国家为了适应国内的产业结构调整，逐步将落后产能和工艺转移投资至东欧国家，以德国对东欧的投资最为明显。在欧盟"东扩"的过程中，德国金融和投资的力量进一步扩展到中东欧，逐步形成了以西欧国家为中心的欧洲区域贸易、金融、投资网络，与美国、日本的经济圈形成了有效的竞争和抗衡。

二、日本1980～1990年：应对石油冲击和贸易摩擦的战略转型——技术立国、内需扩大、海外布局

20世纪70年代的石油冲击对日本经济造成了严重的打击，同时美日之间频繁爆发贸易摩擦，这让日本政府、企业界、经济学界都认为加工贸易难以成为立国之本，国家发展战略因而从"贸易立国"转变到以"技术立国"，1986年的《前川报告》更是提出了扩大内需、调整经济结

构、开放市场和促进对外直接投资四大战略支柱，试图从"追赶现代化国家"迈向"世界一流国家"。

发展尖端技术的"技术立国"政策。1980 年日本通产省正式提出"技术立国"战略口号，将电子技术、信息技术、能源技术、生命科学技术、新材料技术、交通技术、宇宙开发技术、海洋开放技术等列为 20 世纪 80 年代科学发展的重点，将生物工程、新材料、新机能元素列为 21 世纪的产业基础技术。自 80 年代初起，日本内阁设立了科学技术阁僚联席制度，主席由首相亲自担任。日本政府从经费预算、信贷、财政补贴等方面都对新兴技术以特殊照顾，民间大企业也对科学技术开发投资投入了大量资金。同时创建了各类技术密集区、科学城市和研究园城市，将"产（产业）、学（学校和研究机关）、住（住宅）"三方结合，保证科学人才集中和有效使用。

平衡内外经济的"扩大内需"政策。为应对外部美日经贸摩擦、内部结构调整问题，1986 年日本提出《前川报告》，指出：一要解决出口拉动经济的现状，实现贸易收支平衡；二要提高国内居民生活水平，让消费成为拉动经济动力。其中扩大内需成为关键，日本政府于 1986 年采取了 6 万亿日元公共投资内需扩张政策，利率也降至战后最低，并制定了规模宏大的"第四次全国综合开发计划"，全国被划分为十大开发区，推进住宅改善和城市基础设施建设成为重点。《前川报告》更提出利用地方债融资来补充地方政府资金不足的问题。扩大内需计划导致了大量热钱涌入投入地产炒作项目和证券市场，虽然短期内拉动了经济，但却最终导致 1990 年经济泡沫破灭。

鼓励海外投资形成"海外日本"。《前川报告》提出以鼓励日本企业海外投资的方式来减少贸易赤字。日本企业也倾向于通过投资亚洲国家间接出口美国的方式，来规避美日贸易摩擦。日本在 20 世纪 80 年代大幅增加对海外投资，在美国、东南亚积极布局，以建立生产、销售、开发一体化体制取代原先的代理经销制。日本不但在美国本土建立了庞大的直接销售网络，还通过在亚洲国家投资建厂间接出口美国抢占市场，试图建立起以日本为中心的亚太经济圈以对抗美欧。尽管由于日本有限的国际政治影响力最终无法建立亚太经济圈，但庞大的海外直接投资却成为支持日本经济的重要力量。

三、韩国、中国台湾和新加坡 1990～2000 年：外向型经济转型的不同战略选择——技术自主、后发跟进、资本富国

亚洲"四小龙"在 1990 年前后都分别达到了人均 GDP 1 万美元的水平，但国内劳动力成本的上升和国际贸易摩擦的加剧，导致劳动密集型和技术依附型产业逐渐丧失竞争优势，这些新兴经济都面临着外向型经济模式的转型。韩国、中国台湾、新加坡分别采取了不同的转型战略，历史经验证明，采用"资本富国"战略的新加坡和"技术自主"战略的韩国后续经济表现明显优于采用"后发式"科技发展战略的中国台湾（见图 6－1）。

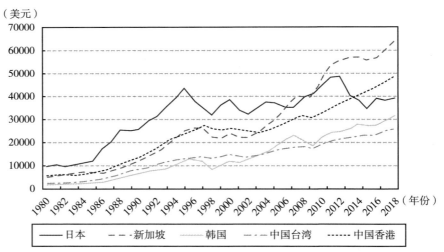

图 6－1　日本与亚洲"四小龙"达到人均 1 万美元后的增长情况

资料来源：Wind 数据库。

韩国从"依附型"外向经济转向"技术自主型"外向经济。韩国建立了依附型美国和日本的出口导向型经济，带动了经济的迅速发展。但在 20 世纪 80 年代，美国、日本与韩国之间爆发了严重的贸易摩擦，美国和日本施压韩国减少对韩贸易赤字。为了改变这种局面，在经济结构转型层面，韩国制定了以促进经济结构高级化和自主化为主的"第七个五年计划"（1992～1996 年）和"2000 年经济展望"，提出"高科技研究和开发计划"，提高技术自主方面的竞争力，实现产业结构由资本密集型向技术、知识密集型发展的产业升级，减少对美国和日本的技术依赖性。同时，积极对东北亚地区进行投资，鼓励劳动密集型产业向这些地区转移，扩大对东北亚地区的经济合作，减少对美国和日本贸易依赖性。在体制改革层面，韩国推动经济体制从政府主导型转向市场主导型或民间主导型转轨，进行金融改革，建立民间主导型金融体制，实现利率自由化，同时大幅放宽外汇交易和外汇支出的限制，极大地促进了对外贸易的发展和产业结构的升级。在区域发展层面，韩国提出"西部开发计划"，将经济建设的重心从东南沿海转移到汉城—大田—全州—光州为轴线的西南部沿海地区，兴建为数众多的具有较高的资本和技术、知识密集程度的高层次产业的工业区，在国内经济地理层面从"东南向美日"发展转变为"西南向中国和东南亚"发展。

中国台湾的"后发式"科技和产业发展战略。20 世纪八九十年代，台湾经济也面临了出口竞争力逐步丧失的困境。对此，台湾更进一步发扬了"后发式"科技产业发展战略，建立为策略性产业升级服务的科技体系，战略极具目标性和功利性。在产业结构转型层面，台湾提出"工业升级计划"，积极发展"两高，高技术密集和高附加值；两大，市场潜力大、产业关联度大；两低，低污染、低能耗"的"策略性工业"，将工业生产与科技学籍更加紧密结合起来。在科技发展层面，积极配合工业升级计划，吸收引进国际先进技术，"国科会"逐步在 12 个国家及地区先后设立了 16 个"科技组"，积极主动地获取海外先进技术，为台湾开展科技对外交流提供了有效平台；通过合办研讨会、共同执行研究计划、推动高层互访、举办经贸协商会议等方式，实现科技信息与全球接轨。企业为摆脱价值链低端的 OEM 发展模式，积极开展海外战略与科技对外合作，试图以海外投资或并购等方式，通过"专利战略"向微笑曲线的左半端延伸。在体制改革层面，推行"三化"政策，实行经济自由化，放松投资、外汇、金融管制，推行资本市场、汇率、利率自由化；发展经济国际化，推行贸易自由、资本对外扩张、放宽外资市场准入限制；建设经济制度化，制定一整套公正、合理、规范的法规，用法律手段调节和控制社会经济的运行。在推动城市化层面，推动公共投资与建设，扩充社会基础设施。

新加坡从"贸易立国"转向"资本富国"。新加坡作为一个小国，在通过加工贸易实现经济初步发展以后，逐步将发展战略转变到"资本富国"上。在吸引全球资本层面，20 世纪 90 年代，新加坡大幅放宽金融管制，1990 年将外国人持有本地银行股权比例上限从 20% 提高到 40%，亚洲金融危机以后全面取消外资的银行股权限制，同时积极开展外汇交易、证券交易、金融期货、离岸保险等业务。到 20 世纪 90 年代末，新加坡已经发展成为亚洲美元市场交易中心，世界第四大外汇交易市场。此外，新加坡多次改革降低税率、精简税种，大力吸引国际资本。在形成海外产业腹地层面，自 20 世纪 90 年代以来，新加坡在中国、越南、印度尼西亚和印度等国家建立 20 多个工业园区，工业园区的面积远远超过本国的国土面积，形成了广阔的海外经济发展腹地。在解决贫富差距和完善公共服务层面，新加坡推行强制储蓄中央储备金计划，新加坡全体公民均需建立个人分类账户，从工资薪金中拿出部分缴纳中央储备金，政府支付储蓄利息。政府将资金、外汇储备注入淡马锡控股、新加坡政府投资公司等大型国有企业（由政府 100% 控股），通过商业运营在全球范围内获取投资收益，增加个人储蓄账户的现金价值。并利用中央储备金提供优质的社会保障，向本土居民提供政府组屋（经济适用房）、免费教育、有保障的医疗公共服务。在吸引和培育人才层面，新加坡欢迎投资移民，只需要购买 250 万新元的政府债券即可获得永久居民的身份资格，但是新加坡额外增加对申请人需具备经商背景的要求。新加坡政府坚持发展高素质教育，兴办公立学校，大力普及教育，注重职业培训，提升专业化技能，同时坚持"经世致用"与"精英主义"的教育培养原则。

四、拉美国家 2008 ~ 2019 年：着力解决收入分配难题，实行再工业化战略

拉美国家普遍在 2007 年全球金融危机后达到人均 GDP 1 万美元的线，但产业国际竞争力低、收入分配矛盾严重导致经济发展稳定性差，长期徘徊在人均 GDP 1 万美元的状态。拉美国家的战略着重在纠正前期收入差距过大和"去工业化"的错误。

增加公共服务支出缩小贫富差距。收入差距巨大、失业率高是拉美国家深陷中等收入陷阱的重要原因，为此，拉美国家大力增加公共支出，着力解决贫富差距过大的问题。2000 年以来，墨西哥加大了对社会保障、教育、医疗等领域的投入。增加对最贫困群体的补贴，并使其在基本的医疗和教育服务方面被覆盖。政府提供的医疗和教育服务重点区域从农村贫困人口延伸到城市贫困人口，加强了保障性住房的政策设计，规定缴纳公积金超过 300 个星期，即可申请补贴性住房及优惠贷款。阿根廷为了缩小贫富差距，每年都上调最低工资标准，推动中低收入阶层收入的上涨，政府还对水、电、燃气、公交等公共服务进行大量补贴，不断提高失业和低收入救济水平。教育医疗方面，阿根廷已经做到小学到大学的公立学校全免费，全国半数以上人口的医疗问题由公立医院解决，费用基本由政府承担。免费、公立的医疗和教育体系为中下阶层减轻经济压力、缩小社会贫富差距发挥了重要作用。

重启"进口替代"和"再工业化"战略。为应对 2008 年国际金融危

机、促进国内就业和生产，部分拉美国家重启"进口替代"战略。阿根廷政府于 2011 年实施"2020 年工业战略计划"，力争在 2011～2020 年内振兴民族工业替代进口产品 2010 年左右开始实施进口替代战略，加大对进口产品的限制，重点扶持食品、制鞋、纺织品和服装、木材、造纸和家具、资本货物、农用机械、汽车及配件、医药、软件和石油化工产业。巴西也认识到其"去工业化"导致的严重问题，根据《巴西工业战略图景（2013—2022）》，巴西提出通过教育和创新两个渠道加强巴西制造业的竞争力。

第三节　国际战略选择经验对中国的启示

国际经验表明，人均 GDP 处于 1 万～2 万美元的阶段时，国内发展动力不足、贫富差距拉大叠加国际竞争冲突加剧，将严重危及经济发展可持续性，大多数国家在人均 GDP 超过 1 万美元后常年徘徊在这阶段，包括 20 世纪 80 年代初期的西欧国家和 2010 年以后的拉美国家。结合各国的发展经验，中国应该依托科技自主创新重塑产业发展动力，加快海外经济布局形成以我为中心的贸易金融产业网络，并着力解决国内的城市化质量和贫富差距问题。

一是依托科技自主创新推动产业升级重塑产业发展动力。日本与韩国在面临外部压力加剧和内部动力缺失情况下，纷纷采取了技术独立自主的国策，而中国台湾则继续强化了技术引进的后发策略。日本和韩国由此构建起独立自主的尖端产业体系，在人均 GDP 达到 1 万美元后的经济发展表现明显强于中国台湾。中国也同样面临美欧实行技术封锁、内部产业发展动力不足的困境，要更坚定地实施科技创新发展战略，补足产业链关键环节的短板，形成自主创新的产业体系。

二是警惕过于庞大的内需扩张政策。日本、韩国、中国台湾在面对国际经贸摩擦、产业国际竞争力下降时，都采取了内需扩张政策以平衡国际贸易。但日本的内需扩张政策导致了经济泡沫，中国台湾的政策导致了财政收支严重恶化。中国也面临疫情冲击下更为严峻的经贸摩擦和产业链供应链断裂的问题。在没有实现科技创新驱动下的产业高质量发展前，贸然采取大规模内需刺激政策，可能会导致经济泡沫迅速累积，重蹈日本覆辙。

三是构筑以我为中心的贸易、金融、产业网络。达到人均 GDP 1 万美元后，美国、欧洲、日本、韩国、新加坡都开启了海外金融和产业布局，日本大举投资东南亚，韩国大幅投资东北亚，新加坡则建立海外产业腹地，美欧等发达国家更是依托金融霸权和货币联盟进行全球金融布局。海外投资成为各国解决贸易赤字、推动产业升级、维持国际竞争力和势力范围的重要战略。近年来，中国的海外投资大幅增长，但缺乏统一性战略引导，整体仍呈现松散状态，且缺乏专门的部门和投资基金支持。要整合对外发展战略资源，推动人民币国际化，形成自由贸易网络，形成以我为中心的区域贸易、金融、产业循环体系。

四是妥善解决城市化质量低和贫富差距问题。日本依靠雇员终身制、新加坡依靠强制中央储备金计划，有效地扩大了中等收入群体，减少了贫富差距。韩国的贫富差距问题则成为社会矛盾的根源，拉美国家因为贫富差距和失业率高企问题长期徘徊于人均 1 万美元附近。中国过去快速工业化和城市化过程也引发了城市化质量不高、贫富差距拉大等问题，当农村逐渐丧失农民工失业返乡的蓄水池功能后，城市失业率也将逐渐成为严重的社会问题。要完善社会兜底政策，增加社会公共福利支持，提高教育、医疗均等性缩小贫富差距。

第七章

国内国际双循环演进与全球经济增长

改革开放以来，中国积极融入全球经济的大循环，尤其是 2001 年加入 WTO，深入参与全球价值链分工，为全球经济增长注入了强大动能。当前，在人口增速放缓、老龄化加速、贸易保护主义加剧和新冠肺炎疫情冲击等诸多约束下，全球经济增长面临严重挑战。中国需抓住国际经济格局调整带来的战略机遇，加快构建新发展格局，不断提升我国的国际竞争力和全球分工地位，为全球经济增长注入新的动力。

当前，基于增长视角从国家、行业层面系统地测度内外循环对全球经济增长贡献的文献还比较少，在理论上和实证方面的深化研究不多，中国内外循环以及不同类别的外循环对全球经济增长的贡献程度定量分析不多。从国内国际双循环拉动全球经济增长的动力分解角度对此进行研究，构成了本章的逻辑起点和边际贡献。一方面，这有利于将循环与经济增长予以充分联系，提供一个基于循环的动态分析视角，克服静态分析内外循环比例的局限。另一方面，科学系统地测度国内国际双循环对全球经济的贡献，有助于我们更好地把握全球经济大循环的动态演进规律，从全球大循环视角科学地看待我国的内循环比例、外循环规模以及我国和后工业化大国的内外循环在全球经济中所处的位置。另外，与美国、日本、德国等后工业化大国对全球经济增长的贡献的国际比较，则有利于我们全面把握不同经济体内外循环在全球经济大循环中的演变特征，把握全球经济循环的主要引擎的变化规律，使"以国内大循环为主体，国内国际双循环的新发展格局"的理论内涵更加丰富，战略要义更加突出。

第一节　测算模型框架与数据来源

一、基本模型框架

近年来，国内外涌现了大量基于全球投入产出模型的贸易增加值来源分解和增加值贸易核算的研究，如库普曼等（Koopman et al.，2014）、王直等（2015）和倪红福等（2016），这些研究的核心是把增加值贸易流量与总值出口贸易流量区分开来，这与国民经济核算中区分增加值（GDP）和总产出类似，都是为了识别国际贸易中增加值的来源地和目的地（黄群慧和倪红福，2021）。本章以王直等（2015）出口增加值分解方法为基础，进一步完善陆江源（2020）、黄群慧和倪红福（2021）对于一国增加值（GDP）的分解方法。为了直观地理解 GDP 分解模型，本章将多国、多部门的国家间投入产出模型合并成两国、单部门的国家间投入产出表（见表 7-1）。

表 7-1　　　　　　　　归并后的两国投入产出

科目	国家	中间使用		最终需求		总产出
		本国（H）	外国（F）	本国（H）	外国（F）	
中间投入	本国（H）	M_{HH}	M_{FH}	Y_{HH}	Y_{FH}	Q_H
	外国（F）	M_{HF}	M_{FF}	Y_{HF}	Y_{FF}	Q_F
增加值		VA_H	VA_F			
总投入		Q'_H	Q'_F			

元素 M_{HH}、M_{HF}、M_{FH}、M_{FF} 是中间产品贸易流矩阵，其中 M_{HH} 表示本国使用本国的中间产品，M_{HF} 表示外国向本国出口的中间产品，M_{FH} 表示本国向外国出口的中间产品，M_{FF} 表示外国使用外国的中间产品。元素 Y_{HH}、Y_{HF}、Y_{FH}、Y_{FF} 代表最终产品需求，其中 Y_{HH} 表示本国使用本国的最终产品，Y_{HF} 表示外国向本国出口的最终产品，Y_{FH} 表示本国向外国出口的最终产品，Y_{FF} 表示外国使用外国的最终产品；元素 Q_H、Q_F 分别表示本国和外国的部门总产出；VA_H 是本国最终产品生产过程中，来源于本国和外国产业部门的增加值，VA_F 是外国最终产品生产过程中，来源于本国和外国产业部门的增加值。

投入产出表中的总产出平衡方程可表示为：

$$X = M + Y = AX + Y \tag{7-1}$$

其中，X 表示总产出，Y 表示最终产品，A 表示直接消耗矩阵。中间品贸易流 $M = AX$，对式（7-1）移项可得：

$$X = (I - A)^{-1} Y = BY \tag{7-2}$$

其中，$B = (I - A)^{-1}$ 为里昂惕夫逆矩阵，表示生产一单位最终产品所需的直接和间接投入价值。参考黄群慧和倪红福（2021）的研究，进一步将总产出的中间产品使用去向区分为本国使用本国的、本国使用外国的（进口）、外国使用本国的（出口）和外国使用外国的，从而将式（7-1）进一步写为：

$$X = AX + Y = A^H X + A^{HF} X + A^{FH} X + A^F X + Y \tag{7-3}$$

其中，A^H 是本国内循环中间投入系数的对角分块矩阵，表示生产一单位产出时需要来自本国中间品的价值；A^{HF} 是本国外循环中间投入系数矩阵的非对角分块矩阵，表示外国生产一单位产出需要来自本国中间品的价值；A^{FH} 是本国外循环中间投入系数矩阵的非对角分块矩阵，表示本国生产一单位产出需要来自外国中间品的价值；A^F 是外国内循环中间投入系数矩阵的非对角分块矩阵，表示外国生产一单位产出需要来自外国中间品的价值。Y 表示最终产品需求。对式（7-3）进行移项处理，并将式（7-2）代入，方程两边同乘$(I-A)^{-1}$，整理可得：

$$BY = B_H Y + B_H A^{HF} BY + B_H A^{FH} BY + B_H A^F BY \qquad (7-4)$$

其中，$B_H = (I - A^L)^{-1}$为本国的里昂惕夫逆矩阵，与国际中间品贸易没有联系，也被称为纯国内投入产出联系。参考陆江源（2020）和陆江源等（2022）的研究，对最终产品按照使用去向进行分解，可以得到：

$$BY = \begin{cases} B_H(Y_{HH} + Y_{HF} + Y_{FH} + Y_{FF}) + B_H A^{HF} B(Y_{HH} + Y_{HF} + Y_{FH} + Y_{FF}) \\ \qquad\qquad\qquad\qquad + \\ B_H A^{FH} B(Y_{HH} + Y_{HF} + Y_{FH} + Y_{FF}) + B_H A^F B(Y_{HH} + Y_{HF} + Y_{FH} + Y_{FF}) \end{cases}$$

由于$B_H Y_{HF} = 0$、$B_H Y_F = 0$、$B_H A^{FH} = 0$和$B_H A^F = 0$，上式可进一步化简为：

$$BY = B_H(Y_H + Y_{FH}) + B_H A^{HF} B(Y_H + Y_{HF} + Y_{FH} + Y_F) \qquad (7-5)$$

将增加值系数对角化后，左乘式（7-5）可以得到增加值（GDP）的分解：

$$GDP = \begin{cases} \underbrace{\hat{V}_H B_H Y_{HH}}_{\text{本国内循环}} \\[2mm] + \\[1mm] \underbrace{\hat{V}_H B_H Y_{FH}}_{\text{本国简单外循环}} \\[2mm] + \\[1mm] \underbrace{\hat{V}_H B_H A^{HF} BY_{HH} + \hat{V}_H B_H A^{HF} BY_{HF} + \hat{V}_H B_H A^{HF} BY_{FH} + \hat{V}_H B_H A^{HF} BY_{FF}}_{\text{本国复杂外循环}} \end{cases}$$

$$(7-6)$$

其中，式（7-6）将本国的增加值分解为6项，各项的具体含义如下：（1）$\hat{V}_H B_H Y_H$，被定义为本国内循环经济活动创造的增加值，经历纯本国投入产出联系而嵌入本国供给且用于满足本国需求的最终产品需求中的增加值部分。（2）$\hat{V}_H B_H Y_{FH}$，被定义为简单外循环经济活动创造的增加值，经历纯本国投入产出联系而嵌入本国出口用于满足外国最终产品需求的增加值部分。（3）与本国的简单外循环相比，本国的复杂外循环以中间品进出口参与国际生产分工的形式参与外循环，生产过程较为复杂，进出口次数较多。式（7-6）中，本国的复杂外循环经济活动创造的增加值包含 4 项，分别是 $\hat{V}_H B_H A^{HF} BY_{HH}$、$\hat{V}_H B_H A^{HF} BY_{HF}$、$\hat{V}_H B_H A^{HF} BY_{FH}$ 和 $\hat{V}_H B_H A^{HF} BY_{FF}$，其中 $\hat{V}_H B_H A^{HF} BY_{HH}$ 为包含本国生产的中间产品嵌入本国出口中在国外进行加工又流向国际市场，最终以最终产品的形式回流到本国市场用于满足本国。

需求的最终产品需求中的增加值部分；$\hat{V}_H B_H A^{HF} BY_{HF}$ 为包含本国生产的中间产品嵌入本国出口中在国外进行加工又流向国际市场，最终以最终产品的形式回流到外国市场又出口到本国用于满足本国需求的最终产品需求中的增加值部分；$\hat{V}_H B_H A^{HF} BY_{FH}$ 为包含本国生产的中间产品嵌入本国出口中在国外进行加工又流向国际市场，最终以最终产品的形式回流到本国市场又出口到外国用于满足外国需求的最终产品需求中的增加值部分；$\hat{V}_H B_H A^{HF} BY_{FF}$ 为包含本国生产的中间产品嵌入本国出口中在国外进行加工又流向国际市场，最终以最终产品的形式回流到外国市场用于满足外国需求的最终产品需求中的增加值部分。由此可知，本国外循环活动创造的增加值包含简单外循环活动创造的增加值和复杂外循环经济活动创造的增加值。

二、各类循环对全球 GDP 贡献分解

进一步地，如果有 N 个国家，我们可以定义内循环对全球 GDP 贡献率或者全球经济的内循环比率：

$$\theta_{inner} = \frac{\sum_{i=1}^{N} \hat{V}_{H,i} B_{H,i} Y_{HH,i}}{GDP_{world}} \tag{7-7}$$

其中，下标 i 代表国家序列；GDP_{world} 表示全球 GDP。容易求得，国际大循环对全球 GDP 的贡献率为 $1 - \theta_{inner}$。简单外循环和复杂外循环对全球 GDP 贡献率，$\theta_{outer,1}$ 和 $\theta_{outer,2}$ 分别为：

$$\theta_{outer,1} = \frac{\sum_{i=1}^{N} \hat{V}_{H,i} B_{H,i} Y_{FH,i}}{GDP_{world}},$$

$$\theta_{outer,2} = \frac{GDP_{world} - \sum_{i=1}^{N} \hat{V}_{H,i} B_{H,i} Y_{HH,i} - \sum_{i=1}^{N} \hat{V}_{H,i} B_{H,i} Y_{FH,i}}{GDP_{world}} \quad (7-8)$$

我们将全球 GDP 分解为两部分，即各国内循环创造的增加值［全球 GDP（Ⅰ）］和国际大循环创造的增加值［全球 GDP（Ⅱ）］。第 i 个国家内循环对全球 GDP 中由各国内循环活动创造的那部分增加值［全球 GDP（Ⅰ）］的贡献率 α_i 为：

$$\alpha_i = \frac{\hat{V}_{H,i} B_{H,i} Y_{HH,i}}{\sum_{i=1}^{N} \hat{V}_{H,i} B_{H,i} Y_{HH,i}} \quad (7-9)$$

第 i 个国家外循环对国际大循环活动创造的那部分增加值［全球 GDP（Ⅱ）］的贡献率 β_i 为：

$$\beta_i = \frac{VA_{H,i} - \hat{V}_{H,i} B_{H,i} Y_{HH,i}}{GDP_{world} - \sum_{i=1}^{N} \hat{V}_{H,i} B_{H,i} Y_{HH,i}} \quad (7-10)$$

三、全球经济增长模型分解

假定全球有 N 个国家，定义内循环、简单外循环和复杂外循环拉动全球经济增长的贡献率，$g_{inner,t}$、$g_{outer,1,t}$ 和 $g_{outer,2,t}$ 分别为：

$$g_{inner,t} = \frac{\sum_{i=1}^{N} \hat{V}_{H,i,t} B_{H,i,t} Y_{HH,i,t} - \sum_{i=1}^{N} \hat{V}_{H,i,t-1} B_{H,i,t-1} Y_{HH,i,t-1}}{GDP_{world,t} - GDP_{world,t-1}} \quad (7-11)$$

$$g_{outer,1,t} = \frac{\sum_{i=1}^{N} \hat{V}_{H,i,t} B_{H,i,t} Y_{FH,i,t} - \sum_{i=1}^{N} \hat{V}_{H,i,t-1} B_{H,i,t-1} Y_{FH,i,t-1}}{GDP_{world,t} - GDP_{world,t-1}} \quad (7-12)$$

$$g_{outer,2,t} = 1 - g_{inner,t} - g_{outer,1,t} \quad (7-13)$$

对于第 i 个国家，定义内循环、简单外循环和复杂外循环拉动全球经济增长的贡献，$g_{inner,i,t}$、$g_{outer,i,1,t}$ 分别为：

$$g_{inner,i,t} = \frac{\hat{V}_{H,i,t} B_{H,i,t} Y_{HH,i,t} - \hat{V}_{H,i,t-1} B_{H,i,t-1} Y_{HH,i,t-1}}{\sum_{i=1}^{N} \hat{V}_{H,i,t} B_{H,i,t} Y_{HH,i,t} - \sum_{i=1}^{N} \hat{V}_{H,i,t-1} B_{H,i,t-1} Y_{HH,i,t-1}} \times g_{inner,t}$$

$$(7-14)$$

$$g_{outer,i,1,t} = \frac{\hat{V}_{H,i,t} B_{H,i,t} Y_{FH,i,t} - \hat{V}_{H,i,t-1} B_{H,i,t-1} Y_{FH,i,t-1}}{\sum_{i=1}^{N} \hat{V}_{H,i,t} B_{H,i,t} Y_{FH,i,t} - \sum_{i=1}^{N} \hat{V}_{H,i,t-1} B_{H,i,t-1} Y_{FH,i,t-1}} \times g_{outer,1,t}$$

$$(7-15)$$

为了简化复杂外循环拉动全球经济增长的贡献的表达式，我们需重新定义外循环经济活动创造的增加值部分：

$$V_{Hcomplex,i} \triangleq \hat{V}_{H,i} B_{H,i} A^{HF,i} B Y_{HH,i} + \hat{V}_{H,i} B_{H,i} A^{HF,i} B Y_{HF,i}$$
$$+ \hat{V}_{H,i} B_{H,i} A^{HF,i} B Y_{FH,i} + \hat{V}_{H,i} B_{H,i} A^{HF,i} B Y_{FF,i} \quad (7-16)$$

从而，第 i 个国家的复杂外循环拉动全球经济增长的贡献，$g_{outer,i,2,t}$ 为：

$$g_{outer,i,2,t} = \frac{V_{Hcomplex,i,t} - V_{Hcomplex,i,t-1}}{\sum_{i=1}^{N} V_{Hcomplex,i,t} - \sum_{i=1}^{N} V_{Hcomplex,i,t-1}} \quad (7-17)$$

四、数据来源说明

目前应用较多国际投入产出表主要包括 WIOD 的 2014 年版本（时间跨度为 1995~2011 年），WIOD 的 2016 年版本（2000~2014 年），OECD 的 2021 年版本（1995~2018 年），ADB 的 2021 年版本（2000 年，2007~2020 年）。特别地，WIOD 在 2021 年底发布了包括 23 个经济体、24 行业的历史国际投入产出表，时间跨度为 1965~2000 年。

本章使用上述多个权威机构提供的国际投入产出表数据库对本书定义的关键指标进行了测算，并进行了一定稳健性检验。

第二节　国内国际双循环拉动全球经济增长的贡献分解

一、国际大循环对全球 GDP 的贡献的动态演变

尽管各类数据库的测算结果存在一定的差异，但全球国际大循环创造的增加值及其占比的变化趋势基本一致，尤其在 2000 年之后，OECD 数据、WIOD 数据和 ADB 数据测算的国际大循环趋势线具有较好的重合度。1995～2000 年，0ECD 数据的测算结果略高于 WIOD 历史数据的测算结果，这主要是由于 OECD 的国际投入产出表将中国投入产出划分为了加工贸易部分和非加工贸易部分，加工贸易的投入产出关系更为简单。而 WIOD 历史数据并未做此类划分，这部分加工贸易创造的增加值可能存在低估。

国际大循环创造的增加值以及循环比例的动态演变。从 20 世纪 60 年代以来，国际大循环创造的增加值占全球 GDP 的比重总体上呈缓慢上升的趋势。国际大循环的循环比例从 1965 年的 8.94% 上升到 2020 年的 19.88%，其间翻了一倍。尤其 1990 年之后，全球经济步入新一轮的全球化阶段，国际大循环对全球 GDP 的贡献得到显著提高。交通和通信领域的技术革命，以及人口、投资的增加，使得国际大循环的贸易规模在 19 世纪和 20 世纪获得了持续性增长。第二次世界大战之后，各国在政治、经济等领域的合作加强，如贸易壁垒和资本流动管控减少、各种产业补贴导致的贸易不平等问题有所缓解，这些对于畅通全球经济大循环发挥了关键作用。1965～1990 年，以贸易为载体的国际大循环经历了快速的

发展阶段，全球经济中国际大循环创造的增加值从 1965 年的 0.17 万亿美元上升到 1990 年的 3.06 万亿美元，年均增速为 12.26%，其在全球 GDP 中的份额分别为 8.94% 和 14.09%。

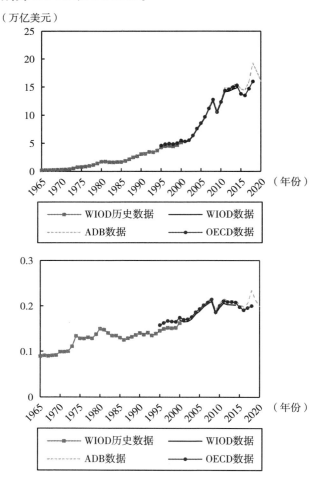

图 7-1　国际大循环创造的增加值以及对全球 GDP 的
贡献的动态演变（1965~2020 年）

　　两类国际大循环对全球 GDP 的贡献的动态演变。按照上文的定义，将国际大循环进一步分为简单国际大循环和复杂国际大循环，其在全球 GDP 中的占比如图 7-2 所示。1965~1990 年简单国际大循环创造的增加值增速较快，为 12.99%，比复杂国际大循环创造的增加值增速高 1.27

个百分点。1990 年之后，全球关税水平进一步下降，国际贸易和投资环境持续改善，信息技术革命使跨国的复杂生产协作成为可能，全球范围内劳动力成本差异的比较优势依然存在。这些因素共同催生了国际垂直化分工的全球生产链、价值链革命，使国际大循环的规模加速扩张（王直等，2015），具体表现为国际大循环创造的增加值全球 GDP 的比重由 1991 年的 13.69% 上升至 2011 年的 21.63%，其间增加了 7.94 个百分点。

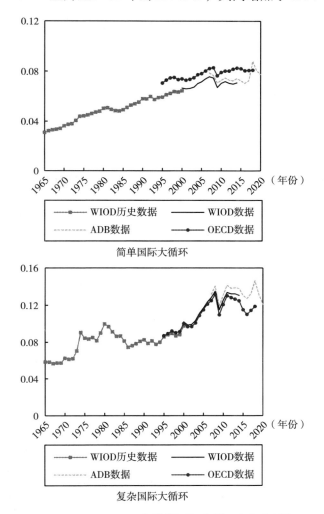

135

简单国际大循环

复杂国际大循环

图 7-2　1965～2020 年简单国际大循环和复杂国际
大循环对全球 GDP 贡献的动态演变

1991～2011 年简单国际大循环创造的增加值占比仅增加了 1.67%，显著低于复杂国际外循环创造的增加值占比的增幅，为 6.27%。复杂国际大循环主要表现为工业制成品的生产工序不断细化，模块化生产，生产链条逐渐拉长，中间品贸易飞速发展，加工贸易是其重要特征之一。

2008 年金融危机之后，尤其是 2011 年之后，受制于全球经济增长乏力，国际大循环扩张放缓，2018 年国际大循环创造的增加值占全球 GDP 的比重比 2012 年仅增加 2.30 个百分点，之后受中美贸易摩擦以及逆全球化的影响，到 2020 年国际大循环创造的增加值占比已经下降至 19.88%，相比 2018 年下降了 1.25 个百分点。2012～2020 年简单国际大循环创造的增加值占比出现小幅提升，约为 0.45 个百分点，但复杂国际大循环创造的增加值占比下降了 1.70%。

二、国内国际双循环对全球经济增长的贡献分解

图 7-3 为国内国际双循环拉动全球经济增长的贡献的动态演变。从中可总结以下两点基本事实：一是国内国际双循环拉动全球经济增长的贡献的演化趋势基本一致，但全球经济增长的动力主要来自国内循环，

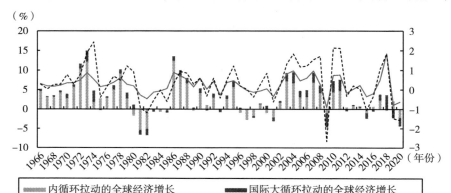

图 7-3　1966～2020 年国内国际双循环拉动全球经济增长的贡献的动态演变

国内国际双循环对全球经济增长的拉动作用在不同阶段表现出较大的差异性。二是两类国际大循环对经济增长贡献的演变趋势具有很大的趋同性，但复杂外循环拉动的经济增长具有更大的波动性。

分历史阶段按照循环类别进一步对全球经济增长进行动力分解。从表7－2可知：（1）1966～2020年全球经济增速呈下降趋势。具体表现为，1966～1990年全球经济进入第二次世界大战之后的高速增长阶段，其间的平均增速高达4.22%；1990～2007年全球经济增速有所放缓，但受益于新一轮的经济全球化，其间的平均增速仍达到2.81%；2008～2020年进入后金融危机时代，经济增长缓慢，加之中美贸易摩擦和新冠肺炎疫情的冲击，经济增速快速回落，其间的平均增速仅为1.44%。（2）样本期内，内循环是全球经济增长的主要驱动力，其中金融危机后内循环对全球的经济增长的贡献率为83.88%，与1966～1990年基本持平。（3）在划分的三个阶段中，国际大循环拉动的全球经济增长经历了倒"U"型变化。首先，1966～1990年国际大循环拉动的全球经济增长的百分比为0.68，并在第二阶段的经济全球化过程中得到提高，为0.82，国际大循环对全球经济增长的贡献率也接近30%。金融危机之后，全球经济增长乏力，贸易摩擦和疫情冲击使得国际大循环受堵，其拉动的全球经济增长的百分比下降至0.23。

表7－2　1966～2020年国内国际双循环拉动全球经济增长的贡献分解　　单位：%

项目	1966～1990年	1991～2007年	2008～2020年
全球经济增速	4.22	2.81	1.44
国内大循环拉动的全球经济增长	3.53	1.99	1.20
国内大循环对全球经济增长的贡献率	83.79	70.76	83.88
国际大循环拉动的全球经济增长	0.68	0.82	0.23
国际大循环对全球经济增长的贡献率	16.21	29.24	16.12
简单国际大循环拉动的全球经济增长	0.29	0.28	0.10
简单国际大循环对全球经济增长的贡献率	6.93	9.98	7.11
复杂国际大循环拉动的全球经济增长	0.39	0.54	0.13
复杂国际大循环对全球经济增长的贡献率	9.29	19.25	9.00

注：笔者根据全球投入产出表计算所得，其中价格调整以2000年为基期。

137

在国际大循环对全球经济增长的拉动作用中，2008 年之前复杂国际大循环占主导，2008 年之后简单国际大循环占主导。1966～1990 年简单国际大循环拉动的全球经济增长的百分比接近，为 0.29，略高于 1991～2007 年的 0.28，但后者对于全球经济增长的贡献高于前者；在此期间，复杂国际大循环拉动的全球经济增长的百分比为 0.39，显著高于简单国际大循环，并且随着经济全球化的快速推进，国际大循环迅速发展，两者的差距进一步迅速扩大。1991～2007 年复杂国际大循环对经济增长的拉动高达 0.56 个百分点，对全球经济增长的贡献率接近 20%，达到最高。金融危机之后，简单国际大循环与复杂国际大循环对全球经济增长的拉动都出现显著下降，其中复杂国际大循环下降幅度最大，拉动全球经济增长的百分比仅为 0.13。这说明复杂国际大循环表现得更为脆弱，易受到外部冲击的影响。

三、行业国内国际双循环对全球 GDP 贡献的动态演变

全球行业大类层面的双循环发展现状。除了建筑业和采矿业外，全球行业部门层面国际大循环的演化路径与全球层面的变动趋势基本一致。由于建筑业几乎是不可贸易性的，因此内循环比例最高，在样本期内基本维持在 98% 左右。另外，服务业的可贸易性较弱，国际大循环比例较低，在样本期内仅仅高于建筑业。采矿业的国际大循环比例最高，样本期内的平均值为 49.18%，并且波动幅度最大，方差为 0.015。这与采矿业在全球价值链中的位置有关。采矿业主要负责提供原材料，处于全球价值链的上游，这主要突出两层含义：其一，采矿业的增加值只能向下游流动，是全球价值链中不可或缺的环节；其二，全球价值链中的任一环节受到冲击势必都会影响采矿业。制造业产品的可贸易性较强，参与国际大循环程度高，样本期内国际大循环比例的平均值达到 27.16%，仅次于采矿业。分阶段可以发现：（1）1965～1990 年，采矿业的国际大循

环比例经历了先上升后下降的整体趋势，在 1980 年前后达到峰值，约 50%；制造业的国际大循环比例则稳步上升，从 1965 年的 13.91% 上升 到 1990 年的 17.35%；在此期间，农业牧渔的国际大循环比例略有上升， 但服务业的国际大循环比例基本维持不变。（2）1990 年之后，全球经济 开启新一轮的经济全球化，采矿业和制造业的国际大循环比例快速上升， 2007 年分别达到 64.82%、36.89%；得益于交通和通信领域的技术革命， 服务业可贸易性得到改善，国际大循环比例得到较快提高，2007 年已上 升至 15.25%。（3）金融危机之后，全球经济增长乏力，加之外部冲击不 断，经济全球化受阻，采矿业受到冲击最大，2016 年采矿业的国际大循 环比例下降到 55.33%，之后有所回升，其他行业的国际大循环比例基本 维持不变。

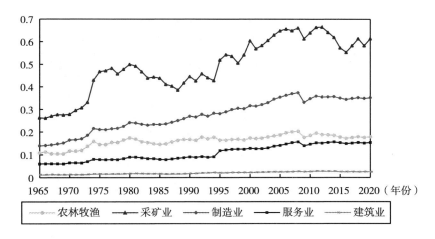

图 7 - 4　1965～2020 年全球各行业的国际大循环的动态演化

全球行业大类层面内部结构的演变。图 7 - 5 分别为 1965～2020 年国内国际大循环中各行业增加值占比结构的动态演化。可以发现： （1）全球内循环经济中，服务业占主导，增加值占比远高于制造业， 并且制造业增加值占比在样本期间持续下降，2020 年仅为 14%，远低 于服务业的 73%。（2）在样本期内，内循环建筑业增加值占比总体趋 于稳定，并在 1980 年前后逐渐超过农林牧渔业，位于第三位，但国际大循环建筑业增加值占比最低，仅占4%左右。（3）尽管服务业可贸易性较弱，国际大循环比例较低，但样本期内国际大循环服务业增加值占比的平均值达到40%，并在2001年超过制造业增加值占比，在国

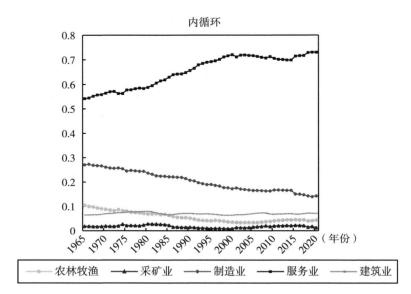

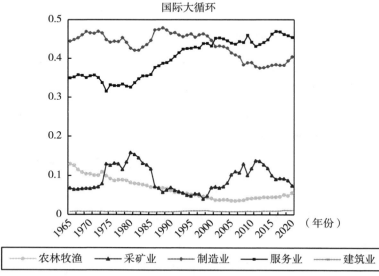

**图 7 - 5　1965～2020 年国内国际双循环中各行业增加值
占比结构的动态演化**

际大循环中居于主导地位。进入 20 世纪 90 年代，国际大循环中制造业增加值占比在持续下降，从 1990 年的 46.69% 下降到 2011 年的 37.88%。这是经济全球化带来的价格效应所致。90 年代之后，中国逐渐融入欧美主导的全球贸易体系，凭借着国内较低的生产成本，降低了全球制造品的价格。

四、行业层面国内国际双循环对全球经济增长的贡献分解

表 7 - 3 为样本期内 3 个历史阶段国内国际双循环拉动全球经济增长的产业动力分解。可以发现：（1）样本期内 3 个历史阶段中服务业对全球经济增长的贡献最大，拉动全球经济增长的百分比分别为 2.49、1.72 和 0.87，1991 ~ 2007 年服务业国内循环对全球经济增长的贡献达到 61.44%。（2）制造业内循环拉动全球经济增长的贡献经历了先下降后上升的"U"型变化过程。经济全球化时期（1991 ~ 2007 年），制造业的贡献的百分比仅为 0.08%，远低于制造业国际大循环拉动全球经济增长贡献的百分比。这充分体现了制造业产品可贸易性强、参与国际大循环程度高的特征。（3）样本期内，建筑业内循环对全球经济增长贡献的百分比超过了农林牧渔和采矿业，是拉动全球经济增长的重要动力。（4）1966 ~ 1990 年制造业国际大循环拉动全球经济增长贡献的百分比高于服务业，分别为 0.33 和 0.27，但进入全球化时期，服务业国际大循环中的增加值占比的快速提升，并超过制造业，服务业国际大循环拉动全球经济增长贡献的百分比已提高至 0.42，显著高于制造业。2008 ~ 2020 年全球经济进入缓慢的增长期，金融危机、逆全球化和新冠肺炎疫情使得国际大循环受阻，采矿业出现衰退，国内国际循环对全球经济增长的贡献均为负值，制造业、服务业国际大循环对全球经济增长的拉动作用有所减弱。

表 7 - 3　　　　　　1966～2020 年各行业国内国际双循环拉动

全球经济增长的贡献　　　　　　单位：%

项目	1966～1990 年		1991～2007 年		2008～2020 年	
	内循环拉动全球经济增长	国际大循环拉动全球经济增长	内循环拉动全球经济增长	国际大循环拉动全球经济增长	内循环拉动全球经济增长	国际大循环拉动全球经济增长
农林牧渔	0.08	0.03	0.01	0.02	0.10	0.03
采矿业	0.04	0.05	0.03	0.11	- 0.00	- 0.06
建筑业	0.28	0.01	0.14	0.01	0.08	0.02
制造业	0.65	0.33	0.08	0.27	0.16	0.06
服务业	2.49	0.27	1.72	0.42	0.87	0.18
全球经济	3.53	0.68	1.99	0.82	1.20	0.23

注：笔者根据全球投入产出表计算所得，其中价格调整以 2000 年为基期。

在表 7 - 4 中，本章进一步将全球化时期（1991～2007 年）划分为全球化初始期（1991～2000 年）、全球化扩张期（2001～2007 年）两个阶段，展示两种类别国际大循环拉动全球经济增长的贡献。[①]

由此，我们可以发现：（1）在全球化扩张期，行业层面两种类别国际大循环拉动全球经济增长的贡献的百分比都显著高于全球化初始期。如农林牧渔在全球化初始期对全球经济增长贡献为负，但在全球化扩张期，两类循环对全球经济增长的贡献均为正，且贡献的百分比分别为0.025、0.023，两者在量级上十分接近。（2）在行业层面，复杂国际大循环拉动全球经济增长的贡献的百分比在量级上都要高于简单国际大循环，更进一步说明全球价值链中的复杂循环网络在国际大循环中占据主导地位。（3）两类循环对全球经济增长的贡献中，服务业对全球经济增长的拉动作用最大，其次是制造业，但全球化扩张期制造业对经济增长贡献的百分比相对于全球化初始期的增幅大于服务业。

---

① 此处，我们不考虑金融危机时期（2008～2011 年）的冲击。

表 7 - 4　1991 ~ 2007 年两种类别国际大循环拉动
全球经济增长的贡献　　单位：%

项目	1991 ~ 2000 年		2001 ~ 2007 年	
	简单国际大循环拉动全球经济增长	复杂国际大循环拉动全球经济增长	简单国际大循环拉动全球经济增长	复杂国际大循环拉动全球经济增长
农林牧渔	- 0.001	- 0.005	0.025	0.023
采矿业	0.001	0.021	0.019	0.232
建筑业	0.002	0.003	0.004	0.007
制造业	0.038	0.090	0.196	0.267
服务业	0.063	0.143	0.288	0.423
全球经济	0.104	0.251	0.532	0.953

注：笔者根据全球投入产出表计算所得，其中价格调整以 2000 年为基期。

第三节　中国与后工业化大国拉动全球经济
增长的比较研究

143

根据上面对全球 GDP 的分解，即各国国内循环创造的增加值［全球 GDP（Ⅰ）］和国际大循环创造的增加值［全球 GDP（Ⅱ）］，本章分别从静态和动态视角测算中国以及 G7 成员国[①] 8 个具有代表性的大国的内外循环对于全球经济的牵引力。

一、中国与后工业化大国的内外循环对全球 GDP 的贡献的动态演变

静态视角下中国与后工业化大国内外循环对全球 GDP 贡献的国际比较。国际比较有利于全面地考察不同经济体在全球经济中的位置以及其

───────────

① G7 成员国分别是美国、日本、德国、法国、意大利、加拿大、日本。

动态演化过程，更加客观地认识以"内循环为主体，国内国际双循环的新发展格局"。在后工业化国家间的比较中可以发现：（1）在样本期内，尽管美国的内外循环对全球经济的贡献率在持续下降，但仍然高于其他后工业化国家，是全球最大的经济体。1965年美国的内外循环创造的增加值占全球GDP（Ⅰ）、全球GDP（Ⅱ）比重分别达到40.49%、21.16%，到2018年这两个比重分别为28.00%、12.47%。（2）从全球GDP（Ⅰ）的贡献分解看，样本期内德国、法国、英国、加拿大、意大利的内循环贡献相对稳定，基本维持在6%以下，但德国的外循环对全球GDP（Ⅱ）的贡献波动较大，在本期内一度超过日本，成为仅次于美国的全球第二大外循环经济体。（3）样本期内，日本的内外循环对全球GDP（Ⅰ）、全球GDP（Ⅱ）的贡献率出现先上升后下降的整体趋势，在1994年日本两者的贡献率达到峰值，分别为20.06%、10.40%。（4）改革开放前，中国的内外循环对全球GDP（Ⅰ）、全球GDP（Ⅱ）的贡献率都要低于大部分的后工业化大国，分别维持在3%和1%左右的水平，对全球经济的贡献有限。改革开放后，中国迅速开启工业化进程，内外循环对全球经济的贡献率不断提高，2000年内外循环的贡献率分别已达到3.50%、3.95%。2001年中国加入WTO，充分地融入欧美主导地全球贸易体系，参与全球价值链，内外循环对全球经济的贡献率加速提升。2007年中国内循环对全球GDP（Ⅰ）的贡献率达到5.61%，超过英国、德国，位居世界第三，2011年进一步提升到10.28%，超过日本，位居世界第二，仅次于美国，2018年中国与美国内循环对全球GDP（Ⅰ）的贡献率的差距已缩小到10.85%，但仍有不小的差距。从外循环对全球GDP（Ⅱ）的贡献分解看，2007年中国外循环对全球GDP（Ⅱ）的贡献率达到8.23%，超过了德国，位居世界第二，2017年进一步提高到12.40%，与美国仅差0.003个百分点。（5）从美国、日本、德国等其他7个后工业化大国内外循环对全球GDP贡献的演变趋势看，中国内循环对全球经济的贡献率仍有上升的势头，并没有达到

"稳态模式"，已具备以国内大循环为主体的新发展格局的体量基础，但并未完全成型，中国外循环对全球经济的贡献率与美国基本持平并开始趋于稳定。

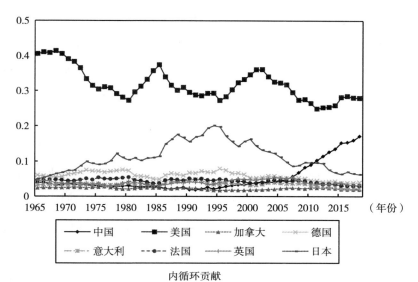

内循环贡献

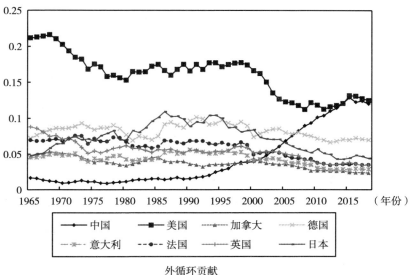

外循环贡献

图 7-6　1965～2018 年后工业化大国的内外循环分别对全球 GDP（Ⅰ）、全球 GDP（Ⅱ）贡献的动态演变

静态视角下中国与后工业化大国两类外循环对全球 GDP 贡献的国际比较。本章测算后工业化国家的两类外循环对全球 GDP（Ⅱ）的贡献率，研究发现：（1）2000 年以前，美国简单外循环对全球 GDP（Ⅱ）的贡献率经历了先下降后上升的过程，并在 2000 年达峰，为 7.61%，复杂外循环对全球 GDP（Ⅱ）的贡献率在 80 年代后稳定在 10% 左右。2000 年以后，美国的两类外循环对全球 GDP（Ⅱ）的贡献率出现断崖式下降，并在 2010 年前后开始趋于稳定。2000 年之前，德国、法国、英国、意大利、加拿大等后工业化国家的两类外循环对全球 GDP（Ⅱ）的贡献率相对稳定，一定程度反映了这些工业化大国的经济发展模式和经济结构已较为成熟和定型；2000 年之后，这些后工业化大国的两类外循环的贡献率均出现一定程度上的回落。（2）样本期内，日本的两类外循环对全球 GDP（Ⅱ）的贡献率的演化趋势与其他后工业化大国表现出较大的差异。具体表现为，日本的简单外循环的贡献率出现了"大起大落"的演变过程，1965～1986 年是快速上升，1986 年达到峰值之后快速回落，并在 2014 年下降到 1.67%，之后趋于稳定；同样，日本的复杂外循环的贡献率则在 1995 年达到峰值，5.29%，之后快速回落，2014 年其贡献率已下降到 2.62%，之后趋于稳定。（3）样本期内，中国两类外循环对全球 GDP（Ⅱ）的贡献率在不断提高，尤其是 2000 年之后，上升的势头更加迅猛。其中，2010 年中国简单外循环的贡献率达到 5.78%，完全超过美国，中国复杂外循环的贡献率与美国的差距在逐渐缩小，2018 年达到 6.04%，与美国相差 1.13 个百分点。这与美国占据全球价值链的上游环节，获得产品的高附加值相符。中国需进一步加大研发投入，攻克核心技术瓶颈，占据全球价值链的上游环节，提高参与全球生产分工的能力。（4）相对于日本、英国、法国、意大利和加拿大等后工业化大国，样本期内德国的两类外循环对全球 GDP（Ⅱ）的贡献率相对稳定，并且在量级上具有较大的优势，在一定程度上说明德国的外循环质量高于这些后工业化大国。

综上所述，中国在体量上已具备以国内循环为主导的基础，并且外循环在规模上已经超过美国。但在循环质量上，中国复杂外循环与美国仍有不小的差距，需进一步突破技术瓶颈，向全球价值链更上游的环节迈进。

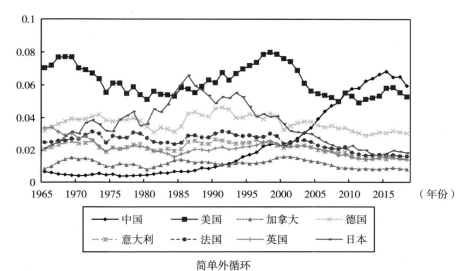

简单外循环

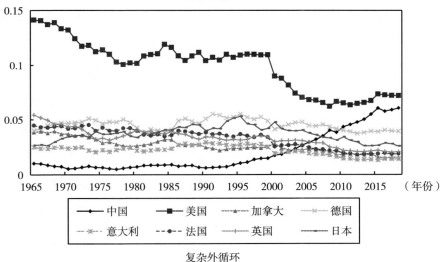

复杂外循环

**图 7 - 7　1965~2018 年后工业化大国的两类国际循环分别
对全球 GDP（Ⅱ）贡献的动态演变**

147

二、中国与后工业化大国的内外循环拉动全球经济增长的分解

动态视角下中国与后工业化大国的内外循环对全球经济增长的贡献的国际比较。由静态比较表明，中国和 7 个后工业化大国内外循环对全球 GDP 的贡献占据主导地位。本章继续从增长视角分析中国和 7 个后工业化国家的国内和国际循环对经济增长的拉动作用。1966～1977 年，美国、德国、英国等 7 个后工业化大国的内循环对全球经济增长的贡献率之和达到 58.09%，外循环的贡献率之和达到 51.42%。在此期间，美国对全球经济增长的拉动作用最为显著，内循环与外循环对全球经济增长贡献的百分比分别为 1.03、0.13，贡献率则分别达到 21.09%、13.48%，显著高于英国、法国等其他几个后工业化大国；第二次世界大战后，日本国内经济实现了高速增长，内外循环对全球经济增长的贡献仅次于美国，两者贡献的百分比分别为 0.79、0.09，其中内循环贡献的百分比已接近美国内循环贡献的百分比的 80%；欧洲的几个后工业化大国中，德国内循环与外循环对全球经济增长的贡献最大，两者的贡献率分别为 8.39%、9.79%；改革开放前，中国外循环对全球经济增长的贡献率仅为 0.45%，内循环的贡献率则远高于外循环，是典型的内向型国家。改革开放之后，中国开始融入全球经济，国内经济迎来快速增长期。1978～2000 年，中国外循环对全球经济增长贡献率超过内循环，达到 7.52%，中国的发展模式逐渐向外向型转变。1978～2000 年，在 7 个后工业化大国中，美国仍然是全球经济增长贡献最高的国家，内外循环的贡献率分别上升至 41.65%、18.45%；日本对全球经济增长的贡献仅次于美国，并且内循环的贡献率远大于外循环，分别为 33.34%、10.59%；加拿大、德国、法国和意大利等后工业化大国外循环对经济增

长的贡献率大于内循环，尤其是德国，内外循环拉动经济增长的百分比已持平。

从内外循环对全球经济增长贡献的结构看，1966～2000年美国和日本依靠内循环的贡献主导，是内循环国家；德国、法国、意大利和加拿大是外循环的贡献主导，是外循环国家；但后工业化的大国中，英国的外循环特征不是很明显。改革开放前，中国是内循环贡献主导，改革开放后，则是外循环的贡献主导，这充分体现了中国经济的转型特征。

2000年之后，美国、日本、德国等7个后工业化大国对全球经济增长的贡献在下降，2001～2007年，7个后工业化大国的内外循环对全球经济增长的贡献率分别下降到32.67%、26.78%。其中，美国的内外循环对全球经济增长的贡献率分别下降到16.47%、4.09%；日本对全球经济增长的贡献的百分比则下降得更快，内循环的贡献率已变为负值，外循环的贡献率则不足5%；除了德国外，英国、法国、意大利和加拿大等后工业化国家内循环对全球经济增长的贡献率超过外循环，成为主导动力。中国加入WTO之后，通过出口导向型战略，国内经济实现快速发展，2001～2008年中国成为外循环对全球经济增长贡献最大的国家，外循环拉动全球经济增长的贡献超过美国0.12个百分点，贡献率达到12.08%，是美国的近3倍。2008～2020年英国、德国、法国、意大利、加拿大和日本等后工业化大国的内外循环对全球经济增长的贡献为负，而美国内循环对全球经济增长的贡献达到19.79%。金融危机后，中国经济表现最佳，2008～2020年中国内循环对全球经济增长的贡献率为65.90%，外循环对全球经济增长的牵引效力为正，远高于同时期的美国。

表7-5　1966~2000年后工业化大国的内外循环对全球经济增长的贡献分解

单位：%

年份 国家	1966~1977年				年份	1978~2000年			
	内循环拉动世界经济增长	内循环对经济增长的贡献率	外循环拉动的世界经济增长	外循环对经济增长的贡献率		内循环拉动的世界经济增长	内循环对经济增长的贡献率	外循环拉动的世界经济增长	外循环对经济增长的贡献率
全球	4.88	100	0.98	100		1.59	100	0.39	100
中国	0.07	1.36	0.00	0.45		0.07	4.41	0.03	7.52
美国	1.03	21.09	0.13	13.48		0.66	41.65	0.07	18.45
加拿大	0.13	2.68	0.04	3.69	1978~ 2000年	0.00	0.21	0.02	4.66
德国	0.41	8.39	0.10	9.79		0.03	1.92	0.03	8.32
意大利	0.14	2.97	0.04	4.43		0.06	3.97	0.02	4.84
法国	0.26	5.30	0.07	6.85		0.03	2.18	0.03	4.74
英国	0.07	1.39	0.03	3.55		0.09	5.70	0.02	5.27
日本	0.79	16.27	0.09	9.63		0.53	33.34	0.04	10.59

注：笔者根据全球投入产出表计算所得，其中价格调整以2000年为基期。

表 7－6　　　　　　2001～2020 年后工业化大国国内外循环对全球经济增长的贡献分解

单位：%

年份	国家	内循环拉动的世界经济增长	内循环对经济增长的贡献率	外循环拉动的世界经济增长	外循环对经济增长的贡献率	年份	内循环拉动的世界经济增长	内循环对经济增长的贡献率	外循环拉动的世界经济增长	外循环对经济增长的贡献率
2001～2007 年	全球	3.79	100	1.49	100	2008～2020 年	1.34	100	-0.05	100
	中国	0.42	11.05	0.18	12.08		0.88	65.90	0.09	-172.37
	美国	0.62	16.47	0.06	4.09		0.27	19.79	0.03	-58.53
	加拿大	0.15	3.93	0.03	1.88		0.00	-0.04	-0.01	20.74
	德国	0.20	5.26	0.14	9.30		-0.02	-1.78	-0.01	19.64
	意大利	0.21	5.55	0.05	3.52		-0.06	-4.70	-0.01	22.94
	法国	0.26	6.83	0.03	2.03		-0.05	-4.08	-0.01	23.76
	英国	0.27	7.20	0.06	4.26		-0.09	-6.63	-0.01	26.64
	日本	-0.48	-12.57	0.03	1.71		-0.03	-2.50	-0.02	28.66

注：笔者根据全球投入产出表计算所得，其中价格调整以 2000 年为基期。

151

第四节 结论与政策含义

一、主要结论

新发展格局的构建，需要站在全球视角研究中国经济内外循环在全球经济大循环中的位置。本章在已有的 GDP 分解模型基础上，进一步考察 GDP 所涉及的区位、最终产品需求的去向等因素。本章利用 2016 年版的 WIOD、2021 年版的 OECD、2021 年版 ADB 全球投入产出以及 2021 年发布的历史 WIOD 进行实证研究，分别从静态（循环比例）和动态（动力结构）视角测度分析了 1965～2020 年国家、行业层面全球经济大循环的演变规律。主要结论如下：

20 世纪 60 年代以来，国际大循环比例总体上呈缓慢上升的趋势，从 1965 年的 8.94% 上升到 2018 年的 23.43%。国际大循环对全球 GDP 的贡献中，复杂国际大循环居于主导地位，并且在全球化时期，主导地位得到进一步加强。

从全球经济增长的动力结构看，全球经济增长主要依靠内循环驱动，国际大循环对全球经济增长的拉动作用在不同历史时期表现出一定的差异性。1991～2011 年国际大循环对全球经济增长的贡献率最高，接近 28%，其中复杂国际大循环对全球经济增长的贡献率为 18.42%。

从全球行业大类层面的双循环发展现状看，采矿业的国际循环比例最高，其次是制造业，服务业参与国际大循环的比重相对较低，但服务业内循环活动创造的增加值在内循环中占比最高，服务业国际大循环创造的增加值在 2001 年超过制造业，占据主导地位。从经济增长的产业动力看，样本期内服务业是主要驱动力，其次是制造业，并且制造业在国际大循环中的驱动力大于内循环。

　　从各国对全球 GDP 贡献的静态视角看，样本期内美国的内外循环对全球 GDP 的贡献最大，但 2000 年以来表现出下降趋势。2000 年之后，中国内外循环对全球 GDP 的贡献快速提高。2011 年，中国内循环对全球 GDP 的贡献超过日本，成为仅次于美国的全球第二大经济体，简单外循环对全球 GDP 的贡献完全超过了美国，但复杂外循环对全球 GDP 的贡献与美国仍有较大的差距。

　　从经济增长的国家动力看，2000 年之前，美国、日本、德国等后工业化大国是全球经济增长的驱动力，2000 年之后，全球经济增长的外循环动力主要来自中国，但复杂外循环的动能作用还有待进一步加强；后金融危机时代，中国内循环对全球经济增长的驱动作用超过美国，成为全球经济增长最大的推动者。样本期内，中国内循环对全球经济增长的驱动作用在不断加强，并开始向内循环主导转变。

二、政策启示

　　更加注重从全球经济大循环的动能角度理解新发展格局。要克服静态思维和存量视角的局限，坚决避免把国内循环比例高一点、国际循环比例低一点作为政策制定的出发点和效果评估的落脚点。必须坚持拉动全球经济增长的衡量标准，从有益于稳定本国和全球的经济增长的角度权衡国内国际循环关系。

　　随着我国内循环推动全球经济增长的动能作用日益显著，应继续推进畅通国内经济大循环提升经济发展质效的政策举措。要更深刻认识"大国经济的优势是内部可循环"的重要内涵，坚决摒弃自我隔绝、主动封闭等错误认识，我国应改变过去的一整套以出口导向为核心的政策体系，逐步转向让城市化带动与人力资本要素报酬主导的国内大循环政策体系。要通过优化要素配置、消除市场分割、扩大中产规模、优化产业关联等结构性改革提升市场规模、提振有效需求。

更加注重提升国内循环主导国际循环的能力。构建新发展格局最终是要形成参与国际竞争新优势，我国的制造产能不可能在国内全部实现，服务产能也不可能在国内全部满足，必须依靠国际大循环。因此必须更加深化改革开放，更充分利用消费中心、生产基地、市场枢纽、创新高地等优势，对外部循环形成强大引力场，提升相机抉择的战略应对能力。

继续推进创新驱动发展战略，提升本国外循环的循环质量。中国复杂外循环的经济规模与美国仍有不小的差距，中国要迈进全球价值链的上游环节，应继续加大研发投入，完善科研创新的激励机制，突破关键技术的瓶颈。

第八章

地方参与国内国际循环案例
——以成都为例

西部地区是我国经济发展和产业阶梯转移的战略腹地，也是我国向西部开放的重要地区，但目前参与国内大循环和国际循环的层次均有待提高。作为西部地区发展的重要引擎，成都近年来发展迅速。2020年人口普查显示，成都首次成为常住人口超过1000万人的超大城市，人口和资源要素的集聚将促使成都在服务和融入新发展格局中发挥更重要的作用。成都市提出打造国内大循环战略腹地和国内国际双循环门户枢纽战略，是成都市积极主动服务和融入新发展格局的重要战略举措。

第一节　国内循环战略腹地和内外
双循环门户枢纽的逻辑

成都打造国内大循环战略腹地和国内国际双循环门户枢纽有着深刻的历史逻辑、理论逻辑和现实逻辑，成都特殊的地理环境决定了其在中国历史上重大战略布局中的重要地位，在新形势下成都要根据自身优势特点，积极融入和服务新发展格局。

从历史逻辑来看，成都历来是我国重大战略布局的腹地中心城市，是北方丝绸之路、南方丝绸之路和长江经济带的交汇点。成都位于四川盆地，四周环山，军事上易守难攻、经济上独立性较强，秦以后，成都融入中华文化一体化进程中，在历史上多次成为军事战略家布局全国的重心区域。从汉代到近代，成都都是人口众多、经济发达、西部对内对外交往的中心，也多次成为中华民族面临重大变局的安全腹地。一是面临内外变局时的重要安全和保障腹地。在20世纪60年代，面临国内外复杂形势，四川省成为"三线建设"的重点，形成了由成都、绵阳、德阳、广元、乐山等城市组成的以航空、电子、机械、核工业等为主的川西（成都）工业区，成都迅速发展成为全国重要科学文化中心，以机械、冶金、电子、化工、纺织、食品为主导产业的重工业占主体的综合性工业城市，在保障国家战备与提振西南地区发展中发挥了坚实支撑作用。当前世界百年未有之大变局加速演进，国内生产要素条件、需求结构、供给结构发生深刻变化，关键核心技术"卡脖子"、重要能源资源供应安全等问题凸显，特别是新冠肺炎疫情全球大流行使全球产业链、供应链面临的风险隐患进一步暴露。在国际形势充满不稳定性不确定性的背景下，依托国内大市场优势，充分挖掘内需潜力，构建以国内大循环为主体的双循环发展格局，成为事关我国经济基本正常运行和社会大局总体稳定的重大战略。成都位居西部腹地中心，西控青藏、北通西北、南扼滇贵、东下湘鄂，是统筹国家西部地区安全和发展的枢纽中心，地位突出，有望再次成为国内大循环的战略腹地。二是成都历史上就是西部对内对外交流的中心，是南方丝绸之路、北方丝绸之路和长江经济带的交汇点。秦汉时期，成都的丝绸制品就已十分发达，蜀锦成为北方丝绸之路的重要商贸货物，大量成都生产的丝绸产品经川陕而至长安，或经河西走廊而至西域中亚及欧洲。另据史料记载，南方丝绸之路在历史上被称为"蜀身毒道"，起于成都，过云南而达东南亚、西亚以及欧洲各国。由此可知，历史上成都因其独特的地理位置和产业特性，成为北方丝绸之路和南方丝绸之路的交汇点，且是内陆地区对内发展的重要人员货物集散中心。

从理论逻辑来看，成都可以在产业、区域、要素循环层面打造战略腹地和门户枢纽，成为国内产业链的关键环节、区域循环的强大重要增长极、西部要素循环的关键节点。构建新发展格局最本质特征是实现高水平的自立自强，实现内需为主导、内部可循环，并形成对外开放的强大引力场。从理论上来讲，经济循环可以分为产业价值循环、区域空间循环、要素循环三个层面，国内国际双循环最基本的就是价值循环的实现，通过国内国际的生产、分配、流通、消费环节的连接，形成在全球范围内的社会扩大再生产。在空间区域层面，均会出现不同空间区域之间的生产分工和价值交换，在国际范围内就是各国之间如何参与价值创造和分配，在国内范围就是各地如何分工协作提升循环效能。在要素循环层面，资金、人员、技术甚至数据、知识等全新要素都是要素循环的重要组成部分。一是国内大循环战略腹地的理论内涵，可以从产业、区域、要素循环展开。成都主导制造产业为航空、电子、机械、军工，应该紧抓科技自立自强和产业链自主可控的重要战略节点，加快精准补齐我国产业链关键环节的短板弱项，主要融入国内产业链大循环，并以成渝双城经济圈、成都都市圈为基础强化区域经济联系，成为区域高质量发展的动力源，努力打造国内高端需求消费的供给中心，形成要素循环的关键节点。二是全球产业分工格局的变化为成都成为门户枢纽提供了条件。随着全球分工方式由产业间分工向产品内分工转变，国际循环效率持续提升的同时，敏感性、脆弱性也有所增强，某一国家生产停顿、某一零部件短缺都可能造成国际循环停滞，川渝地区较为完备的产业链体系可以较好地规避这方面的风险。同时，随着中国制造业成本的上升，未来全球制造业格局将逐渐向东南亚、南亚倾斜，也为成都向西、向南开放提供了国际循环的条件。

从现实逻辑来看，成都是现有国家重大战略的交汇点，且其经济产业特点具备明显的门户枢纽优势。2018年2月11日，习近平总书记在视察天府新区时指出，"天府新区是'一带一路'建设和长江经济带发展的重要节点，一定要规划好建设好，特别是突出公园城市特点，把生态价值考虑进去，努力打造新的增长极，建设内陆开放经济高地"。一是在重大战略交汇方面，成都已是"一带一路"建设和长江经济发展等国家重大战略的交汇点，并且在"十三五"时期，成都从西部区域中心城市跃升为国家中心城市，战略的交汇、人口的集聚、产业体量的升级共同夯实了成都打造国内大循环战略腹地的基础。二是在门户枢纽的节点方面，尽管成都不具备沿海开放的优势，但随着全球经济服务化、数字化、低碳化的发展，成都在文化娱乐、绿色低碳、国际消费等方面的产业优势得以显现。服务贸易和数字贸易可以较大地缩小地理空间和交通网络的局限，为成都等内部对外开放提供了便利。而服务贸易和数字贸易更重要的是制度型对外开放和人才数据等要素的集聚，成都可以通过打造西部制度型开放高地，提升人才等要素的吸引力，助力打造国内国际循环的门户枢纽。

川渝地区经济的区域内循环较强，参与国内国际双循环程度还有待加强。根据测算，2017年四川省GDP参与国际循环创造的比例仅为5.2%，参与国内大循环创造的比例也仅为20.5%，省份内循环创造的比例高达74.3%，且根据历年的投入产出表计算，四川省份内循环的比例基本都在70%上下，可见四川经济自给自足、自我循环的特征较为明显（见表8-1）。四川省参与国内国际循环的这一特点，既与天府地区周边山脉环绕导致与周边省份经济联系较弱有关，也与新中国成立以后四川地区经济建设主要以军工等自成体系的产业为主。在构建新发展格局的背景下，四川省要着力提升参与国内和国际循环的水平，更加积极主动地融入新发展格局。

表 8-1 　　　　　根据投入产出表计算的四川省 **GDP** 循环比例　　　　单位：%

名称	2010 年	2012 年	2015 年	2017 年
国际循环	10.3	10.0	6.3	5.2
国内（省外）循环	21.8	12.1	22.8	20.5
省份内循环	68.5	76.6	71.0	74.3

资料来源：Zheng et al., 2020. Regional determinants of China's consumption-based emissions in the economic transition. Environ. Res. Lett。

第二节　成都参与国内国际循环的现状分析

根据 2015 年 313 个城市的区域间投入产出表，对成都的增加值按照国际循环、国内循环、成渝双城经济圈、省内循环、都市圈循环、市域内循环进行分解，定量化分析成都参与国内和国际循环的程度和水平。

成都参与国内国际循环的程度可以划分为"一二七"，即一分国际、二分国内、七分区域（见图 8-1）。根据城市间投入产出表增加值分解的定义，国际循环是指成都生产的增加值满足国外需求的部分，国内循环是指成都生产的增加值满足国内最终需求的部分，成都内循环是指成都生产的增加值满足成都最终需求的部分。数据测算显示，成都 GDP 中参与国际循环创造的部分为 8.6%，川渝以外的国内循环部分占比为 20.7%，川渝区域循环占比高达 70.9%，参与区域循环是当前成都经济的关键特质。在川渝区域循环中，成都与重庆的经济互动占比也仅为 1.5%，更多的是省内循环，占到了 69.4%，也就是成都七成的增加值贡献给了省内经济，其中省内（成渝都市圈外）的循环占比为 32.2%，成渝都市圈（德阳、眉山、资阳）循环为 7.4%，成都市域内的自循环为 29.6%。应该说，成都市的内外循环结构与四川省的内外结构表现基本一致，都可以归纳为"三分"国际国内循环、"七分"省内循环。

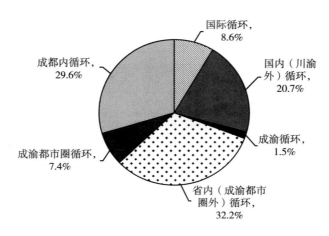

图 8 - 1　成都 GDP 按照各类循环的分解

资料来源：Zheng H，Többen J，Dietzenbacher E，et al. Entropy-based Chinese city-level MRIO table framework［J］. Economic Systems Research，2021：1 - 26，图 8 - 2、图 8 - 3、图 8 - 4，表 8 - 2，下同。

成都国内大循环的参与度不足，战略腹地功能还有待提升。与其他地区相比，川渝地区的区域循环较强、国际国内循环较弱。而在川渝内部，重庆和成都参与循环的程度也不同，成都国际循环比例为 8.6%，而重庆为 10.8%，相差不大，成都国内（省外）循环比例为 20.7%，而重庆为 30.4%，因而重庆参与国内大循环的程度要强于成都（见图 8 - 2）。从具体行业来看，重庆参与国内大循环的主要产业是交通运输设备，参与国内大循环创造的增加值占 GDP 比例高达 5.3%。此外在农业、采掘业、化学产品、非金属矿物、通用设备等物质生产部门和商务服务、科学研究等服务业部门，重庆参与国内循环的程度也要高于成都。而成都参与国内循环的主要是金融业、房地产等服务部门。应该说，打造国内大循环的战略腹地，首要的是具有参与国内大循环的支柱产业，在这一方面上成都较为欠缺。从全国比较来看，北京参与国内大循环的主要产业是金融业、技术服务、信息技术服务业，依靠强大的现代服务业优势辐射全国，上海参与国内大循环的主要产业是金融业、批发零售、商务服务，依靠金融中心和航运优势服务全国，广东、浙江依靠的是各类制造业。这些国内大循环比例较高的区域都具有各自独特竞争优势的产业门类，成都的产业区域循环程度较高，后续应着眼于培育和发展参与国内循环的产业体系。

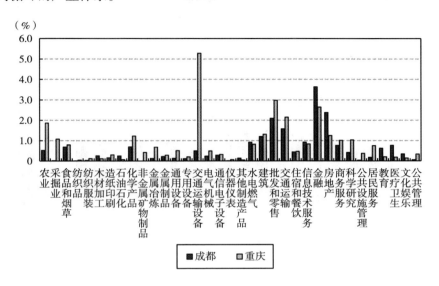

图8-2 成都和重庆各产业参与国内大循环程度对比

参与区域循环的供给辐射大于需求牵引，成渝经济联系不如普通地市。严格意义而言，区域循环也是国内大循环的一部分，川渝地区由于历史产业结构的特殊性和地理特殊性，区域循环程度较强，区域经济的整合提升也是为国内大循环提供重要的区域动力。区域经济联系有两类：第一类是输出效应，即成都为周边地市提供产品和服务；第二类是输入效应，即周边地市向成都提供产品和服务。从增加值分解数据来看，第一类输出效应即成都为周边地市提供产品和服务创造的增加值占成都GDP的比例为41.1%，而第二类输入效应即成都最终需求拉动其他地市增加值与成都GDP之比为36.5%，由此可见成都与周边地市的经济关系总体来看供给辐射大于需求牵引。从具体的地市联系来看，供给辐射也更为明显，成都对重庆、德阳、绵阳、南充、资阳等周边城市的供给均大于需求。成都与重庆的经济联系远不及绵阳、德阳等城市，成都对重庆的输出效应为1.5%，输入效应为0.5%，而对绵阳的输出效应和输入效应分别为 3.7% 和 3.1%，对德阳的输出效应和输入效应分别为 3.2% 和 2.4%（见图 8 – 3）。由此可见，成都的区域循环还主要局限在省内地市之间的循环，与重庆的经济循环联系较弱，且循环类型主要是供给辐射。

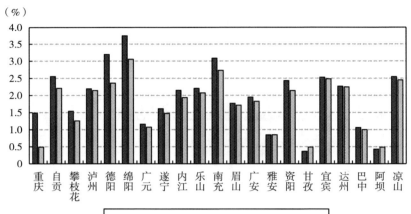

图 8 – 3　成都对川渝各地市的辐射情况

　　成都都市圈制造业产业生态发展不足，都市圈经济联系弱。成都与成都都市圈城市（德阳、眉山、资阳）的循环联系占成都 GDP 的 7.4%，其中德阳最多占 3.2%，资阳其次占 2.4%，眉山最弱占 1.8%（见图 8 – 4）。从参与成都都市圈循环的产业来看，主要产业还是成都的优势产业金融业，其次是批发零售、房地产和建筑业，都属于成都城市经济对周边的辐射效应。但是都市圈城市之间相互联系的制造业产业生态缺失，区域产业链整合能力弱，导致都市圈之间的经济联系明显不足。

　　国内国际循环门户枢纽效应较弱，物流运输中心节点能力不强。门户枢纽的核心内涵在于物资、人员、资金、信息等生产要素的进出枢纽，其在经济层面的表现主要是进口（输入）的枢纽和出口（输出）的枢纽，其他地市的产品和服务通过成都实现出口和输出的目的。批发零售、交通运输业是典型门户枢纽的产业门类，北京批发零售、交通运输业参与

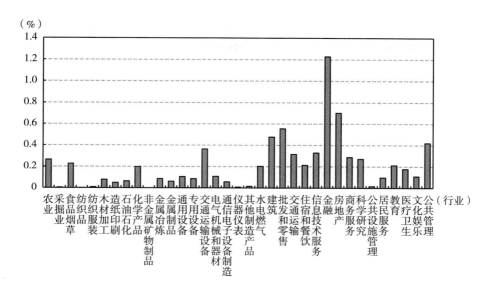

图 8-4　成都与德阳、眉山、资阳各产业联系占成都 GDP 的比例

国内循环创造的增加值占全部 GDP 的比例为 6.1%，参与国际循环的占比为 4.4%，而上海这两个产业参与国内和国际循环的比例分别高达 9.8% 和 7.0%，相比之下，成都批发零售、交通运输业参与国内循环和国际循环占 GDP 的比例分别仅为 3.7% 和 0.6%。在进出口门户枢纽效应方面，成都通过各市出口的增加值比例为 3.29%，各地市通过成都出口的比例为 3.04%，规模占比较小，门户效应较弱。而且从分城市数据来看，通过成都出口的地市主要是四川省内的城市，国内其他城市仅占 1.40%，相反成都通过其他城市出口的比例为 2.56%，由此可知成都目前还是主要依靠其他城市实现出口（见表 8-2）。

表 8-2　　　　　成都对周边地市对外开放的门户效应分析　　　　　单位：%

地区	成都通过各市出口的增加值占成都 GDP 比例	各市通过成都出口的增加值占成都 GDP 比例
重庆	0.07	0.04
自贡	0.02	0.11
攀枝花	0.03	0.07

续表

地区	成都通过各市出口的 增加值占成都 GDP 比例	各市通过成都出口的 增加值占成都 GDP 比例
泸州	0.02	0.07
德阳	0.21	0.10
绵阳	0.17	0.25
广元	0.00	0.04
遂宁	0.01	0.06
内江	0.00	0.08
乐山	0.04	0.08
南充	0.01	0.10
眉山	0.01	0.06
广安	0.08	0.07
雅安	0.01	0.04
资阳	0.02	0.11
甘孜	0.00	0.02
宜宾	0.03	0.11
达州	0.00	0.11
巴中	0.00	0.02
阿坝	0.00	0.02
凉山	0.01	0.12
国内其他城市	2.56	1.40
合计	3.29	3.04

附录 A

对 OECD 投入产出表的 45 个行业进行归并的方法

合并的行业类别	OECD 行业分类
农业和食品类	Agriculture, hunting, forestry
	Fishing and aquaculture
重化工产品类	Mining and quarrying, energy producing products
	Mining and quarrying, non-energy producing products
	Mining support service activities
农业和食品类	Food products, beverages and tobacco
纺织服装轻工类	Textiles, textile products, leather and footwear
	Wood and products of wood and cork
	Paper products and printing
重化工产品类	Coke and refined petroleum products
	Chemical and chemical products
	Pharmaceuticals, medicinal chemical and botanical products
	Rubber and plastics products
	Other non-metallic mineral products
	Basic metals
	Fabricated metal products
电子产品类	Computer, electronic and optical equipment
电气和机械设备类	Electrical equipment
	Machinery and equipment, nec
交通运输设备类	Motor vehicles, trailers and semi – trailers
	Other transport equipment

合并的行业类别	OECD 行业分类
电气和机械设备类	Manufacturing nec；repair and installation of machinery and equipment
水电燃气类	Electricity，gas，steam and air conditioning supply
	Water supply；sewerage，waste management and remediation activities
建筑房地产类	Construction
批发零售类	Wholesale and retail trade；repair of motor vehicles
交通运输类	Land transport and transport via pipelines
	Water transport
	Air transport
	Warehousing and support activities for transportation
	Postal and courier activities
批发零售类	Accommodation and food service activities
信息技术服务类	Publishing，audiovisual and broadcasting activities
	Telecommunications
	IT and other information services
金融类	Financial and insurance activities
建筑房地产类	Real estate activities
人力资本积累服务类	Professional，scientific and technical activities
公共管理类	Administrative and support services
	Public administration and defence；compulsory social security
人力资本积累服务类	Education
	Human health and social work activities
	Arts，entertainment and recreation
其他服务类	Other service activities
	Activities of households as employers；undifferentiated goods and services-producing activities of households for own use

附录 B
2017 年投入产出式资金流量

单位：亿元

部门	非金融企业	金融机构	政府部门	住户	国外	合计	净负债	资金使用合计
非金融企业	12755	61922	569	30	21392	96667	56254	152921
金融机构	106189	140322	54833	77596	11990	390930	0	390930
政府部门	18080	44948	0	2461	454	65943	0	65943
住户	6910	106761	8339	901	576	123487	0	123487
国外	8987	12232	2047	18	6521	29806	11127	40933
合计	152921	366186	65788	81005	40933			
净资产	0	24744	155	42482	0			
资金来源合计	152921	390930	65943	123487	40933			

注：每一格中的数据表示当年列部门投入行部门的资金量，如第二行第一列的数据106190亿元即为2017年金融机构投入非金融企业的资金量。净资产表示该部门当年净资产增加，净负债表示当年该部门净负债增加。各部门的资金来源加上净资产等于资金来源合计，资金使用加上净负债等于资金使用合计，各部门的资金来源合计等于资金使用合计。

参 考 文 献

[1] 曹玉书、楼东玮：《资源错配、结构变迁与中国经济转型》，载于《中国工业经济》2012 年第 10 期。

[2] 陈昌兵：《我国对外贸易对国内生产总值贡献的再测算》，载于《经济纵横》2021 年第 9 期。

[3] 陈雨露：《"双循环"新发展格局与金融改革发展》，载于《中国金融》2020 年第 Z1 期。

[4] 陈建：《21 世纪日本经济发展战略研究》，中国城市出版社 2002 年版。

[5] 陈卫东、梁婧、范若滢：《从国际收支的变化和国际比较理解中国经济增长模式》，载于《国际金融研究》2019 年第 3 期。

[6] 陈永伟、胡伟民：《价格扭曲、要素错配和效率损失：理论和应用》，载于《经济学（季刊）》2011 年第 4 期。

[7] 程恩富、张峰：《"双循环"新发展格局的政治经济学分析》，载于《求索》2021 年第 1 期。

[8] 戴维·哈维：《新帝国主义》，中国人民大学出版社 2019 年版。

[9] 邓光耀：《基于多区域投入产出子系统模型的隐含碳排放关联效应研究》，载于《河北地质大学学报》2020 年第 4 期。

[10] 邓荣荣、杨国华：《区域间贸易是否引致区域间碳排放转移？——基于 2002—2012 年区域间投入产出表的实证分析》，载于《南京财经大学学报》2018 年第 3 期。

［11］董聪、王晨、董秀成：《国际产业转移对各国碳排放的影响研究——基于多区域投入产出模型》，载于《深圳社会科学》2021 年第 2 期。

［12］董磊：《战后经济发展之路——美国篇》，经济科学出版社 2012 年版。

［13］董磊：《战后经济发展之路——日本篇》，经济科学出版社 2012 年版。

［14］董志勇、方敏：《新发展格局的理论、历史与实践——以政治经济学为例》，载于《教学与研究》2020 年第 12 期。

［15］杜莉、郑毓文：《增值税省际转移与政府间横向财政平衡——基于我国 42 部门区域间投入产出表的分析》，载于《北京大学学报（哲学社会科学版）》2019 年第 4 期。

［16］杜运苏、彭冬冬：《制造业服务化与全球增加值贸易网络地位提升——基于 2000—2014 年世界投入产出表》，载于《财贸经济》2018 年第 2 期。

［17］冯明、闫冰倩：《金融业增加值占 GDP 比重上升背后的事实——基于投入产出表的结构性视角》，载于《当代财经》2020 年第 5 期。

［18］傅春杨、张平、陆江源：《产业要素价格扭曲的效率损失与校正之策——基于全球投入产出表的视角》，载于《现代经济探讨》2018 年第 3 期。

［19］高洪民：《基于两个循环框架的人民币国际化路径研究》，载于《世界经济研究》2016 年第 6 期。

［20］高伟、陶柯：《"双循环"新发展格局：深刻内涵、现实逻辑与实施路径》，载于《新疆师范大学学报（哲学社会科学版）》2021 年第 4 期。

［21］郭庆旺、贾俊雪：《中国全要素生产率的估算：1979—2004》，载于《经济研究》2005 年第 6 期。

［22］韩文秀：《加快构建新发展格局》，载于《人民日报》2021 年

第 9 版。

[23] 韩奋发：《后危机时代的大国金融博弈》，载于《现代企业》2013 年第 10 期。

[24] 韩中：《全球价值链视角下中国出口的价值分解、增加值出口及贸易失衡》，载于《数量经济技术经济研究》2020 年第 4 期。

[25] 胡秋阳：《投入产出式资金流量表和资金关联模型》，载于《数量经济技术经济研究》2010 年第 3 期。

[26] 胡天民：《日本经济发展的新战略》，载于《世界经济与政治论坛》1998 年第 1 期。

[27] 黄群慧、倪红福：《中国经济国内国际双循环的测度分析——兼论新发展格局的本质特征》，载于《管理世界》2021 年第 12 期。

[28] 黄群慧：《"双循环"新发展格局：深刻内涵、时代背景与形成建议》，载于《北京工业大学学报（社会科学版）》2021 年第 1 期。

[29] 贾根良：《国际大循环经济发展战略的致命弊端》，载于《马克思主义研究》2010 年第 12 期。

[30] 姜凌、邱光前：《经济周期与我国国际收支经常账户失衡》，载于《世界经济研究》2016 年第 2 期。

[31] 李帮喜、赵奕菡、冯志轩、赵峰：《价值循环、经济结构与新发展格局：一个政治经济学的理论框架与国际比较》，载于《经济研究》2021 年第 5 期。

[32] 李恩平：《双循环新发展格局下近海城市发展探析》，载于《企业经济》2021 年第 11 期。

[33] 李非：《台湾经济发展通论》，九州出版社 2004 年版。

[34] 李金昌、项莹：《中国制造业出口增值份额及其国别（地区）来源——基于 SNA–08 框架下〈世界投入产出表〉的测度与分析》，载于《中国工业经济》2014 年第 8 期。

[35] 李景华：《基于投入产出技术的北京市产业发展战略研究》，载

于《中国政法大学学报》2013 年第 3 期。

[36] 李述仁：《转变时期的西欧经济——八十年代的西欧经济及其发展趋势》，载于《西欧研究》1988 年第 1 期。

[37] 李天国：《韩国经济转型的逻辑：一个新兴经济体的改革与突破》，经济管理出版社 2017 年版。

[38] 李宜达：《"双循环"新发展格局下区域、政府与市场的协调整合》，载于《中国西部》2021 年第 6 期。

[39] 列宁：《列宁选集》第 2 卷，人民出版社 1995 年版。

[40] 刘国光、沈立人：《关于实现国民经济良性循环的几个问题》，载于《经济研究》1981 年第 11 期。

[41] 刘瑞翔、颜银根、范金：《全球空间关联视角下的中国经济增长》，载于《经济研究》2017 年第 5 期。

[42] 刘西：《我国 M2/GDP 的决定因素与变动趋势——基于资金流量表的分析》，载于《南方金融》2016 年第 11 期。

[43] 陆江源、李世刚、徐薪璐：《近期国际政治经济格局变化分析》，载于《产业创新研究》2018 年第 10 期。

[44] 陆江源、张平、袁富华、傅春杨：《结构演进、诱致失灵与效率补偿》，载于《经济研究》2018 年第 9 期。

[45] 陆江源：《从价值创造角度理解"双循环"新发展格局》，载于《当代经济管理》2020 年第 12 期。

[46] 陆江源、相伟、谷宇辰：《"双循环"理论综合及其在我国的应用实践》，载于《财贸经济》2022 年第 2 期。

[47] 陆江源：《地方参与国内国际循环水平测度研究》，载于《当代经济管理》2022 年第 5 期。

[48] 罗集广：《基于投入产出模型的湖南省内区域间经济联系分析》，载于《吉林省教育学院学报》2019 年第 6 期。

[49] 马克思、恩格斯：《马克思恩格斯全集》第 46 卷（上），人民

出版社 1979 年版。

[50] 马克思：《资本论》（第 3 卷），上海三联书店 2011 年版。

[51] 马晓玲：《广东参与构建新发展格局的优劣势及发展路径研究》，载于《当代经济》2021 年第 9 期。

[52] 倪红福、龚六堂、夏杰长：《生产分割的演进路径及其影响因素——基于生产阶段数的考察》，载于《管理世界》2016 年第 4 期。

[53] 潘文轩：《税收如何影响了中国的国民收入分配格局？——基于资金流量表的实证研究》，载于《财政研究》2018 年第 11 期。

[54] 逄锦聚：《深化理解加快构建新发展格局》，载于《经济学动态》2020 年第 10 期。

[55] 彭支伟、张伯伟：《中国国际分工收益的演变及其决定因素分解》，载于《中国工业经济》2018 年第 6 期。

[56] 齐顾波、马俊乐、徐秀丽：《全球经济"双循环"结构的产生和发展——以剑麻产业为例》，载于《文化纵横》2018 年第 6 期。

[57] 齐玉梅：《人民币汇率升值对国际收支调节的有效性分析——兼论中国国际收支再平衡对策》，载于《改革与战略》2017 年第 1 期。

[58] 祁斌：《全球视野下的资本市场与大国金融博弈》，载于《经济导刊》2008 年第 3 期。

[59] 乔小勇、李泽怡、相楠：《中间品贸易隐含碳排放流向追溯及多区域投入产出数据库对比——基于 WIOD、Eora、EXIOBASE 数据的研究》，载于《财贸经济》2018 年第 1 期。

[60] 沈利生、吴振宇：《外贸对经济增长贡献的定量分析》，载于《吉林大学社会科学学报》2004 年第 4 期。

[61] 宋冬林、孙尚斌、范欣：《数据成为现代生产要素的政治经济学分析》，载于《经济学家》2021 年第 7 期。

[62] 孙凌宇、罗杨帆：《川渝地区经济增长的空间溢出效应——基于区域间投入产出表的分析》，载于《重庆理工大学学报（社会科学

版）》2021 年第 8 期。

[63] 涂象钧：《90 年代韩国外向型经济发展战略的调整及其在东北亚经济合作中的地位和作用》，载于《大连教育学院学报》1991 年第 1 期。

[64] 江小涓：《新中国对外开放 70 年：赋能增长与改革》，载于《管理世界》2019 年第 12 期。

[65] 江小涓、孟丽君：《内循环为主、外循环赋能与更高水平双循环——国际经验与中国实践》，载于《管理世界》2021 年第 1 期。

[66] 王建：《王建谈走国际大循环经济发展战略的可能性及其要求》，载于《农垦经济研究》1988 年第 2 期。

[67] 王忍之、桂世镛：《怎样实现国民经济的良性循环?》，载于《计划经济研究》1981 年第 39 期。

[68] 王直、魏尚进、祝坤福：《总贸易核算法：官方贸易统计与全球价值链的度量》，载于《中国社会科学》2015 年第 9 期。

[69] 王小鲁、樊纲、刘鹏：《中国经济增长方式转换和增长可持续性》，载于《经济研究》2009 年第 1 期。

[70] 威廉·I. 罗宾逊：《全球资本主义论》，社会科学文献出版社 2009 年版。

[71] 乌力吉图：《中国产业碳排放增长的需求结构分析》，载于《工业技术经济》2012 年第 5 期。

[72] 吴兴旺：《从资金流量表看中国金融发展趋势》，载于《西部金融》2012 年第 8 期。

[73] 徐恺飞、金继红：《基于投入产出法的中国制造业碳排放研究》，载于《时代金融》2020 年第 9 期。

[74] 杨盼盼、崔晓敏：《"双循环"新发展格局的国际比较与启示》，载于《开放导报》2021 年第 1 期。

[75] 杨瑞龙：《新中国成立 70 年来经济学研究范式的演变与创新》，载于《经济理论与经济管理》2019 年第 11 期。

[76] 姚树洁、张帆：《区域经济均衡高质量发展与"双循环"新发展格局》，载于《宏观质量研究》2021 年第 6 期。

[77] 姚树洁、房景：《"双循环"发展战略的内在逻辑和理论机制研究》，载于《重庆大学学报（社会科学版）》2020 年第 6 期。

[78] 伊曼纽尔·沃勒斯坦：《现代世界体系》，社会科学文献出版社2013 年版。

[79] 尹伟华：《中国制造业产品全球价值链的分解分析——基于世界投入产出表视角》，载于《世界经济研究》2016 年第 1 期。

[80] 尹智超、彭红枫：《新中国 70 年对外贸易发展及其对经济增长的贡献：历程、机理与未来展望》，载于《世界经济研究》2020 年第9 期。

[81] 余永定：《双循环和中国经济增长模式的调整》，载于《新金融》2021 年第 1 期。

[82] 余道先、王云：《人民币国际化进程的影响因素分析——基于国际收支视角》，载于《世界经济研究》2015 年第 3 期。

[83] 张铭慎、陆江源、曹玉瑾：《我国经济双循环关系演进、质量提升与未来取向》，载于《全球化》2022 年第 5 期。

[84] 张军、施少华：《中国经济全要素生产率变动：1952 - 1998》，载于《世界经济文汇》2003 年第 2 期。

[85] 张海行：《产业结构、最终需求与碳排放关系的研究——基于IO - SDA 方法的实证分析》，载于《统计与管理》2017 年第 6 期。

[86] 张宏艳、王炜：《我国产业结构对碳排放影响的门槛效应研究——基于省级面板数据》，载于《南方论刊》2020 年第 4 期。

[87] 张明：《改革开放四十年来中国国际收支的演变历程、发展趋势与政策涵义》，载于《国际经济评论》2018 年第 6 期。

[88] 张南：《矩阵式资金流量表与风险波及测算》，载于《统计研究》2013 年第 6 期。

［89］张伟、王韶华：《中国CO_2排放对投资结构和消费结构的弹性分析》，载于《技术经济与管理研究》2021年第3期。

［90］张雪原、周君：《"双循环"新格局下西部内陆地区参与经济循环的模式转型与规划应对》，载于《规划师》2021年第11期。

［91］张卓元：《新中国70年经济学理论研究的重大进展》，载于《新视野》2019年第5期。

［92］章玉贵、徐永妍：《美联储应对新冠疫情冲击的救市方案：特征与理论分析》，载于《上海经济研究》2020年第6期。

［93］赵福军、曾祥坤：《新加坡的经济发展战略及其制度保障探析》，载于《国际商务财会》2016年第3期。

［94］赵扬帆：《美国金融战前沿观点及启示》，载于《经济导刊》2020年第6期。

［95］赵英顺：《在调整中发展——评韩国九十年代经济发展新战略》，载于《山东大学学报（哲学社会科学版）》1993年第4期。

［96］周迪、罗东权：《绿色税收视角下产业结构变迁对中国碳排放的影响》，载于《资源科学》2021年第4期。

［97］周文、刘少阳：《新发展格局的政治经济学要义：理论创新与世界意义》，载于《经济纵横》2021年第7期。

［98］周宇：《中国国际收支的结构性变化及其动因》，载于《世界经济研究》2018年第9期。

［99］朱佩誉、凌文：《不同碳排放达峰情景对产业结构的影响——基于动态CGE模型的分析》，载于《财经理论与实践》2020年第5期。

［100］中国经济增长前沿课题组，张平、刘霞辉、袁富华、陈昌兵、陆明涛：《中国经济长期增长路径、效率与潜在增长水平》，载于《经济研究》2012年第11期。

［101］中国经济增长前沿课题组，张平、刘霞辉、袁富华、陈昌兵：《突破经济增长减速的新要素供给理论、体制与政策选择》，载于《经济

研究》2015 年第 11 期。

[102]《中华人民共和国国民经济和社会发展计划大事辑要 1949—1985》，红旗出版社 1987 年版。

[103] Acemoglu D, V M Carvalho, A. Ozdaglar, and A. Tahbaz-Salehi. The network origins of aggregate fluctuations. Econometrica, 2012, 80 (5): 1977 – 2016.

[104] Baqaee D, Farhi E. The Macroeconomic Impact of Microeconomic Shocks: Beyond Hulten's Theorem. Econometrica, 2019, 87 (4): 1155 – 1203.

[105] Baqaee D, Farhi E. Productivity and Misallocation in General Equilibrium. Quarterly Journal of Economics Forthcoming, 2020.

[106] Bernard, Andrew, Brad Jensen, Stephen Redding, and Peter Schott. The Empirics of Firm Heterogeneity and International Trade, Annual Review of Economics, 2012, 4: 283 – 313.

[107] Boyer R. Technical Change and the Theory of "Regulation", in Dosi, G., et al., eds, Technical Change and Economic Theory, London and New York: Pinter Publishers, 1988: 85.

[108] Feenstra, R. C. and G. H. Hanson. Globalization, outsourcing, and wage inequality. The American Economic Review, 1996, 86 (2): 240.

[109] Gabaix, X. The granular origins of aggregate fluctuations. Econometrica, 2011, 79 (3): 733 – 772.

[110] Hsieh C, Klenow P J. Misallocation and Manufacturing TFP in China and India. Quarterly Journal of Economics, 2009, 124 (4): 1403 – 1448.

[111] Hsieh C, Ossa R. A Global View of Productivity Growth in China [J]. Journal of International Economics, 2016: 209 – 224.

[112] Hulten C R. Growth Accounting with Intermediate Inputs [J]. The Review of Economic Studies, 1978, 45 (3): 511.

[113] Hummels, David, Jun Ishii, and Kei-Mu Yi, "The Nature and

Growth of Vertical Specialization in World Trade", Journal of International Economics, 2001, 54 (1): 75 – 96, 518.

[114] Johnson R C & G Noguera, "Accounting for intermediates: Production sharing and trade in value added", Journal of international Economics, 2012, 86 (2): 224 – 236.

[115] Jones C I. Intermediate goods and weak links in the theory of economic development. American Economic Journal: Macroeconomics, 2011: 1 – 28.

[116] Kim, S. – J., H. S. Shin, et al. Working capital, trade and macro fluctuations. Technical Report, 2013.

[117] Koopman R et al. "Tracing value – added and double counting in gross exports", American Economic Review, 2014, 104 (2): 459 – 494.

[118] Leal-Ordoñez Julio C. Key Sectors in Economic Development: A Perspective from Input-output Linkages and Cross-sector Misallocation. Working Papers 2015 – 23, Banco de México.

[119] Robert M. Solow, "Technical Change and the Aggregate Production Function", The Review of Economics and Statistics, 1957, 39 (3): 312 – 320.

[120] Wang, Z. et al., "Quantifying international production sharing at the bilateral and sector levels", National Bureau of Economic Research No. 19677. 2013.

[121] Wang, Z. et al., "Measures of participation in global value chains and global business cycles", National Bureau of Economic Research No. 23261. 2017.

177

图书在版编目（CIP）数据

国内国际双循环理论框架及实证分析／陆江源著.

—北京：经济科学出版社，2022.9

ISBN 978 - 7 - 5218 - 4089 - 6

Ⅰ.①国…　Ⅱ.①陆…　Ⅲ.①中国经济 - 循环经济 -

经济发展 - 研究　Ⅳ.①F124.5

中国版本图书馆 CIP 数据核字（2022）第 184426 号

责任编辑：初少磊　杨　梅
责任校对：靳玉环
责任印制：范　艳

国内国际双循环理论框架及实证分析
陆江源　著
经济科学出版社出版、发行　新华书店经销
社址：北京市海淀区阜成路甲 28 号　邮编：100142
总编部电话：010 - 88191217　发行部电话：010 - 88191522
网址：www. esp. com. cn
电子邮箱：esp@ esp. com. cn
天猫网店：经济科学出版社旗舰店
网址：http：//jjkxcbs. tmall. com
北京季蜂印刷有限公司印装
710 × 1000　16 开　11.75 印张　160000 字
2022 年 12 月第 1 版　2022 年 12 月第 1 次印刷
ISBN 978 - 7 - 5218 - 4089 - 6　定价：58.00 元
（图书出现印装问题，本社负责调换。电话：**010 - 88191510**）
（版权所有　侵权必究　打击盗版　举报热线：**010 - 88191661**
QQ：**2242791300**　营销中心电话：**010 - 88191537**
电子邮箱：**dbts@ esp. com. cn**）